직장인이여,
평생에 한 번은
책을 써라

직장인이여,
평생에 한 번은 책을 써라

책 한 권을 쓰는 순간, N잡이 시작된다

초 판 1쇄 2026년 03월 11일

지은이 첨단백수
펴낸이 류종렬

펴낸곳 미다스북스
본부장 임종익
편집장 이다경, 김가영
디자인 윤가희, 임인영, 윤영빈
책임진행 이예나, 안채원, 김은진, 국소리, 송가희, 이지영

등록 2001년 3월 21일 제2001-000040호
주소 서울시 마포구 양화로 133 서교타워 711호, 808호
전화 02) 322-7802~3
팩스 02) 6007-1845
블로그 http://blog.naver.com/midasbooks
전자주소 midasbooks@hanmail.net
페이스북 https://www.facebook.com/midasbooks425
인스타그램 https://www.instagram.com/midasbooks

ⓒ 첨단백수, 미다스북스 2026, *Printed in Korea*.

ISBN 979-11-7355-739-2 03190

값 19,000원

미다스북스는 다음세대에게 필요한 지혜와 교양을 생각합니다.

WRITE A BOOK ONCE
IN YOUR LIFE!

**책 한 권을 쓰는 순간,
N잡이 시작된다**

직장인이여,
평생에 한 번은
책을 써라

첨단백수 지음

미다스북스

3부　실제로 한 권을 완성하는 과정

7장　목차는 이렇게 만든다

8장　초고 100% 완성하기

9장　퇴고는 이렇게 하면 된다

4부   책을 낸 이후의 현실적인 이야기

(10장) 출판 vs 자비출판 vs 전자책

(11장) 책은 인생을 어떻게 바꾸는가

"책 한 권 써 보고 싶다."
"어디 부업할 만한 것 없나?"

아마 한 번쯤은 이런 생각을 해 본 적이 있을 것입니다. 출퇴근길 지하철에서, 야근이 끝난 늦은 밤에, 혹은 누군가의 책을 덮으며 문득. 하지만 곧바로 이런 생각이 뒤따릅니다. 나는 작가가 아닌데, 특별한 이야기가 없는데, 시간도 재능도 부족한데. 그렇게 "책 쓰기"는 늘 마음속 버킷리스트 한 켠에만 조용히 남습니다.

이 책은 바로 그 생각에서 출발했습니다. 작가가 아닌, 평범한 일반 직장인이 과연 책을 쓸 수 있을까요? 결론부터 말하자면, 가능합니다. 다만 우리가 흔히 상상하는 방식과는 조금 다를 뿐입니다.

저 역시 하루 대부분을 회사에서 보내는 직장인입니다. 보고서와 메일, 회의와 마무리 시간 사이에서 하루를 보내며, 특별할 것 없는 일상을 반복합니다. 글을 전업으로 쓰는 사람도 아니고, 문학을 전공하지도 않았습니다. 그럼에도 불구하고 책을 쓰게 된 계기는 아주 사소했습니다. "지금의 경험과 생각을 정리해 두지 않으면, 그냥 흘려보내게 되겠구나"라는 아쉬움이 있었습니다. 기록으로 남기고 싶었고, 나와 비슷한 고민을 하는 누군가에게 작은 힌트가 될 수 있다면 좋겠다는 마음이 더해졌습니다.

막상 글을 쓰려고 하니 막막함이 밀려왔었습니다. 무엇을 써야 할지, 얼마나 써야 할지, 어떻게 시작해야 할지 알 수가 없었습니다. 퇴근 후에는 시간을 쪼개야 했고, 꾸준함과 스스로와의 싸움도 필요했습니다. 그 과정에서 깨달았습니다. 책 쓰기는 "대단한 사람만의 영역"이 아니라는 것을. 오히려 평범한 직장인의 일상, 고민, 시행착오야말로 누군가에게는 가장 현실적이고 도움이 되는 이야기라는 것을 말입니다.

이 책은 일반 직장인의 시선에서 책 쓰기를 현실적으로 풀어낸 기록입니다. 거창한 이론이나 성공담보다는, 실제로 부딪

히며 알게 된 방법과 생각을 담았습니다. 왜 책을 쓰고 싶어졌는지, 시간을 어떻게 쓰는지, 중간에 포기하고 싶을 때 어떻게 견뎌냈는지 숨기지 않고 이야기하려고 합니다.

만약 독자님께서 지금,

- 언젠가 책을 써 보고 싶다고 막연히 생각만 하고 있거나
- 평범한 나도 과연 쓸 수 있을지 의심하고 있거나
- 시작은 했지만 끝까지 글을 쓸 자신이 없다면

이 책을 권합니다. 책은 특별한 사람이 아니라, 기록하고 싶은 사람이 쓰는 것입니다. 그리고 그 첫걸음은 생각보다 가까이에 있습니다. 이 책이 그 시작을 함께 걷는 작은 동반자가 되기를 바랍니다.

1부

왜 당신은 아직 책을 쓰지 못했는가

WRITE A BOOK ONCE IN YOUR LIFE!

1장

보통 사람은
왜 책을 못 쓴다고
믿게 되었나

01

작가 신화의 탄생

제 글을 읽고 계신 독자분들께서는 책은 어떠한 사람이 써야 한다고 생각하시나요?

베스트셀러 작가, 성공한 사람, 부자, 영향력 있는 사람들이라고 생각하실 것 같습니다. 이렇듯, 도서의 주요 베스트셀러 작가분들은 이야기를 읽어보면 인생스토리가 마치 신화의 탄생과 같이 스펙타클한 내용이 대부분입니다.

그렇기에 일반 보통 사람들은 '내가 어떻게 책을 쓰겠어.', '작가님은 전문 글쓰기를 할 수 있는 분들만 가능한 영역이야'라고 생각하기 일쑤입니다. 책 이야기를 꺼내면, 직장인들이 가장 먼저 꺼내는 말입니다. 마치 그 한마디로 모든 대화가 정리되는 것처럼. 책은 쓰고 싶지만, 자신은 그 자격이 없다는 선언. 이 말은 겸손처럼 들리지만, 사실은 아주 강력한 자기암시입니다. 그리고 이 자기암시는 수많은 직장인들을 책 쓰기의 문 앞에 멈춰 세웁니다.

그렇다면, 이 질문부터 던져보도록 합시다.

'작가'란 대체 무엇인가?

우리는 언제부터 '작가'라는 단어를 특별한 사람의 직업으로만 생각하게 되었을까요. 그리고 그 특별함은 누가, 어떤 과정을 통해 만들어 낸 것일까요. 이 장에서는 그 질문에 대한 답을 찾아가려 합니다. 왜 보통 사람은 책을 쓸 수 없다고 믿게 되었는지, 그 믿음이 어떻게 만들어졌는지를 말입니다.

첫 번째, 작가는 타고나거나 어문 관련 전공을 학습한 사람이라는 믿음입니다.

많은 직장인들이 책을 쓰지 못하는 이유는 능력이 부족해서가 아닙니다. 시간 때문도 아닙니다. 더 정확히 말하면, "나는 작가가 아니다"라는 믿음 때문이라고 생각합니다.

우리는 어릴 때부터 작가님을 특별한 존재로 배워 왔습니다. 국어 교과서 속 작가님은 늘 위인처럼 등장했습니다. 천재적인 문장력, 남다른 감수성, 비범한 삶의 이야기. 작가님은 글을 쓰는 사람이 아니라, "선택받은 사람"처럼 묘사되었습니다. 그 과정에서 자연스럽게 하나의 공식이 만들어졌습니다.

- 작가 = 재능 있는 사람
- 보통 사람 = 독자

이 이분법은 너무나도 견고해서, 성인이 된 후에도 좀처럼 깨지지 않습니다. 회사에서 보고서를 아무리 많이 봐도, 블로그에 글을 꾸준히 써도, 우리는 그것을 "글쓰기"라고 생각하지 "책 쓰기"라고 생각하지 않습니다. 그저 업무거나 기록일 뿐입니다. 책 쓰기는 이와는 다른 차원의 일이라고 생각합니다. 또한, 여기서 중요한 사실 하나를 짚고 넘어가야 합니다. 대부분의 작가님은 처음부터 작가님이 아니었습니다. 그들 역시 어느 날, 아주 평범한 상태에서 첫 문장을 썼습니다. 다만 우리와 다른 점이 있다면, 그들은 스스로에게 이렇게 말하지 않았다는 것입니다.

"나는 작가님이 아니라서 책을 쓸 수 없어."

두 번째, 미디어가 만든 "작가 이미지"입니다.
작가님 신화는 개인의 착각이 아닙니다. 사회 전체가 오랜 시간에 걸쳐 만들어 온 이미지입니다. 특히, 미디어는 이 신화를 만들어 내는 데에 결정적인 역할을 했습니다.

인터뷰에 등장하는 작가님들은 늘 비범합니다. 하루에 몇 시간씩 글을 쓰고, 영감을 위해 여행을 떠나며, 고독 속에서 창작에 몰두합니다. 그 모습은 멋있지만, 동시에 거리감을 만듭니다. 직장인 독자는 속으로 이렇게 생각할 것 같습니다.

'저건 나랑 다른 세계의 이야기야.'

문제는, 미디어가 보여주는 작가님의 모습이 "전체가 아니라 일부"라는 점입니다. 수많은 작가님들이 퇴근 후에 글을 썼고, 아이를 재운 뒤 노트북을 열었으며, 출근 전 새벽에 원고를 다듬었습니다. 그러나 그런 이야기는 잘 알려지지 않습니다. 평범한 과정은 드라마틱한 신화 이야기가 되지 않기 때문입니다.

결국, 우리는 결과만 보고 원인을 착각합니다.

'저 사람은 작가님이니까 책을 쓴 거고, 나는 작가님이 아니니까 못 쓴다.'

이 생각은 너무 자연스러워 보이지만, 사실 순서가 완전히 뒤바뀐 사고입니다.

책을 써서 작가님이 된 것이지, 작가님이어서 책을 쓴 게 아닙니다.

세 번째, 평범한 보통의 직장인은 책을 쓸 수 없다는 편견입니다.

또 하나의 강력한 신화가 있습니다. 바로 "직장인은 바빠서 책을 쓸 수 없다."는 믿음입니다. 이 말 역시 많은 직장인들의 입에서 반복됩니다. 야근, 회식, 육아, 피로. 하나하나 틀린 말은 아닙니다. 하지만, 이 역시 책을 쓰지 못하게 만드는 가장 편한 이유가 됩니다.

흥미로운 사실이 있습니다. 출간 시장에서 직장인 저자는 오히려 점점 늘고 있습니다. 왜일까요? 이유는 단순합니다. 직장인은 생각보다 많은 이야기를 가지고 있기 때문입니다. 조직 안에서의 갈등, 성과와 평가, 인간관계, 성장의 좌절과 회복. 이것은 누군가에게는 "일상"이겠지만, 누군가에게는 절실히 읽고 싶은 이야기입니다.

그럼에도 불구하고, 대부분의 직장인들은 스스로를 과소평가합니다.
"이 정도 경험은 다들 하지 않나요?"
"제 이야기가 무슨 책이 되겠어요."

이 말 속에는 또 하나의 신화가 숨어 있습니다.
책은 대단한 이야기를 해야 한다는 믿음입니다.

하지만, 실제로 독자들이 가장 공감하는 책은, 대단한 성공담이 아니라 "나와 비슷한 사람의 조금 앞선 경험"입니다. 작가 신화에서조차 평범함은 가치가 있습니다. 또한, 특별해야만 책이 되는 것도 아닙니다.

네 번째, 저 역시 그 신화를 믿고 있었습니다.
솔직히 고백하자면, 저 역시 오랫동안 이 신화를 믿었습니다.
책을 내기 전까지 저는 "책 쓰고 싶은 직장인"이었습니다. 스스로를 결코 "작가님"이라고 생각해 본 적이 없었습니다. 글을 쓰는 사람을 따로 있고, 저는 그저 회사에 다니는 평범한 사람이라고 생각했었습니다.

책을 쓰기 전까지 수없이 미뤘던 경험도 많습니다.

"좀 더 준비가 되면"
"시간이 생기면"
"글을 쓸 여유가 되면"

지금 생각해 보면, 그 말들은 모두 같은 것을 뜻하고 있었던 것 같습니다.

"나는 아직 작가님이 아니다."

하지만, 어느 순간 깨달은 것이 있습니다. 이 질문을 아무리 오래 붙잡고 있어도 답은 나오지 않는다는 것입니다. 작가님인지 아닌지는 글을 쓰기 전에는 그 누구도 증명할 수 없고, 글을 쓰고 나서야 비로소 결정된다는 것이라는 사실 말입니다.

첫 원고를 쓰기 시작했을 때 저는 직장인도 아닌 백수였습니다. 하루 일과 중에는 이력서를 쓰고 다듬어서 원서를 제출했습니다. 이후 시간이 남으면 책이 될 만한 글을 썼습니다. 주말에 시간을 내어 글을 쓰고, 때로는 피곤해서 며칠동안 쓰지 않기도 했었습니다. 그 과정에서 저를 작가님으로 만들어준 건 재능이 아니라 "계속 쓰는 선택"이었습니다.

다섯째, 작가 신화가 남긴 가장 큰 부작용입니다.
작가 신화가 가장 크게 망가뜨린 것은 글쓰기 자체가 아닙니다. 시작할 권리입니다. 많은 직장인들이 스스로에게 이 권리를 허락하지 않습니다. 감히 시작해도 되는지, 책이 될 만한 글을 써도 되는지, 스스로의 이야기를 말해도 되는지 가장 먼저 되묻습니다.
하지만, 책 쓰기는 허락받는 일이 아닙니다. 학위도, 자격증도 필요 없습니다. 누군가의 인정을 받아야만 가능한 일도 아닙니다. 다만, 한 가지 조건이 있을 뿐입니다.

글을 쓰는 사람만이 작가님이 됩니다.

여섯째, 이제 신화를 벗어날 차례라는 걸 깨달아야 합니다.

이 글을 읽고 계신다면, 독자님께서는 이미 작가 신화의 균열을 보고 있는 것입니다. "나는 작가님이 아니야"라는 문장이 얼마나 많은 가능성을 막아왔는지, 어렴풋이 느끼고 있을지도 모릅니다.

이 책은 그 신화를 하나씩 해체하는 과정입니다.
다음 장부터 SNS가 만든 착각이라는 더 현실적인 질문으로 들어갈 것입니다. 책 쓰기를 위한 글을 쓰기 위해서는 어떻게 써야 하는지, 무엇을 써야 하는지, 그리고 평범한 직장인이 실제로 책을 완성할 수 있는지에 대해 이야기할 것입니다.

하지만, 그 모든 이야기의 출발점은 하나입니다.
작가는 특별한 사람이 아니라, 글쓰기를 선택한 사람이라는 사실.

이 사실을 받아들이는 순간, 독자님께서는 이미 보통 사람으로서 일반인 책 쓰기의 첫 장을 넘긴 셈입니다.

02

SNS가 만든 착각

우리는 책 쓰기가 왜 더 어려워졌을까요?

책을 쓰고 싶다는 말은 이제 더 이상 낯설지 않습니다. 예전에는 소수의 사람들만 꺼내던 이야기였지만, 이제는 다릅니다. SNS를 조금만 들여다보면 "글 쓰는 사람"은 넘쳐납니다. 매일 글을 올리는 사람, 수만 명의 팔로워를 가진 사람, 출간 소식을 알리는 사람까지. 겉으로 보면 우리는 어느 때보다 글쓰기에 가까운 시대를 살고 있습니다. 그런데 이상한 일이 벌어집니다. 글을 쓰는 사람은 많아졌는데, 여전히 책을 쓰는 사람인 책 저자, 작가님은 드뭅니다. 오히려 많은 직장인들이 이렇게 말합니다.

"예전보다 더 못 쓰겠어요."
"이제는 시작하기가 더 무서워요."

이 역설적인 상황의 중심에 SNS가 있습니다. SNS는 분명 글쓰기를 대중화 시켰습니다. 하지만, 동시에, 책 쓰기를 더 멀게 만들어 버렸습니다. 이 장에서는 우리가 미처 자각하지 못한 SNS가 만든 몇 가지 착각에 대해 이야기해 보려고 합니다.

첫 번째, 잘 쓰는 사람만 보이는 세상입니다.
SNS의 가장 큰 특징은 "선별된 결과만 보여준다"는 점입니다. 우리는 타인의 초안을 보지 않습니다. 고민의 흔적도, 지우고 다시 쓴 문장도 읽을 수가 없습니다. 눈에 들어오는 것은 언제나 완성된 글, 그리고 반응이 검증된 글들입니다.

좋아요가 많이 달린 문장
공유가 많이 반복되는 글
"역시 글 잘 쓰시네요"라는 댓글

이 장면을 매일 보다 보면, 자연스럽게 기준이 바뀌게 됩니다.
"글을 쓴다"라는 행위의 기준이 아니라, "잘 쓴 글을 공개한다"라는 결과가 기준이 되어버립니다.

문제는 여기서 시작됩니다. 우리는 쓰기도 전에 평가를 먼저 떠올립니다. 이 문장을 올리면 반응이 있을지, 이 생각이 과연 사람들에게 의미가 있을지, 혹시 유치해 보이지는 않는지, 그 고민들은 글을 다듬게 하기보다, 아예 시작을 막아버리는 방향으로 작동합니다.

책을 쓰고 싶다는 마음이 들 때조차, 우리는 이렇게 생각합니다. "요즘 SNS에 올라오는 글들에 비하면, 내 글은 너무 부족해."

하지만 냉정하게 말하자면, 책은 SNS 글쓰기 대회가 아닙니다. 그럼에도 불구하고 SNS는 끊임없이 우리에게 비교 대상들을 들이밉니다. 그 결과, 우리는 점점 "쓸 수 없는 사람"이 되어갑니다.

두 번째, "반응"이 글쓰기의 목적이 되어버렸습니다.
SNS 이전의 글쓰기는 비교적 단순했습니다. 잘 쓰고 싶은 욕망은 있었지만, 즉각적인 평가 시스템은 없었습니다. 하지만 지금은 다릅니다. 글을 올리면 몇 분 안에 숫자가 붙습니다.

좋아요, 댓글, 조회수. 이 숫자들은 생각보다 강력합니다.

우리는 점점 이렇게 학습됩니다.

- 반응이 좋은 글 = 성공한 글
- 반응이 없는 글 = 실패한 글

이 공식이 반복되면, 글쓰기의 목적이 바뀝니다. 생각을 정리하기 위해 쓰는 것이 아니라, 반응을 얻기 위해 쓰게 됩니다. 문제는 책 쓰기가 이 공식과 정반대의 성질을 가지고 있다는 점입니다.

책 원고를 쓰는 동안에는 반응이 거의 없습니다.
대부분의 시간은 조용하고, 외롭고, 확신이 없습니다.
SNS에 익숙해진 사람일수록 이 시간을 견디기 힘들어하는 경향이 있습니다.

그래서 많은 직장인들이 이렇게 말합니다.
"책 원고는 재미가 없어요."
"피드백이 없어서 맞는지 모르겠어요."

하지만 그 불확실함은 실패의 신호가 아닙니다. 책 쓰기의 정상적인 과정입니다. SNS는 이 과정을 "비효율적인 것"처럼 느끼게 만듭니다. 반응 없는 글쓰기는 의미가 없다고 착각하게 만듭니다. 이 착각이 쌓이면, 우리는 결국 글을 쓰지 않게 되고 이는 결국 한 권의 책이 출간되지 못하게 만듭니다.

세 번째, 짧은 글에 익숙해질수록 긴 글이 두려워집니다. SNS는 기본적으로 짧은 글의 공간입니다. 짧고, 빠르고, 즉각적인 메시지가 환영받습니다. 이 환경에 오래 노출되면, 긴 글에 대한 감각이 무뎌질 수 있습니다. 단락을 길게 유지하는 힘, 하나의 주제를 끝까지 끌고 가는 인내가 점점 약해질 수 있습니다.

그래서 책 이야기를 꺼내면 이런 반응이 나옵니다.
"요즘은 긴 글을 잘 못 읽겠어요."
"한 챕터를 끝까지 쓰는 게 너무 버거워요."

이 역시 개인의 문제처럼 느껴지지만, 사실은 환경의 영향이 더 크다고 생각합니다. SNS는 우리에게 끊임없이 "완결된 짧은 메시지"를 요구합니다. 반면 책은 미완성 상태를 오래 견뎌야 합니다. 이 차이를 이해하지 못하면, 우리는 스스로를 오해하게 됩니다.

'나는 집중력이 부족한 사람인가보다.'

하지만 대부분의 경우, 그건 능력의 문제가 아닙니다. 훈련되지 않는 상태일 뿐입니다. 긴 글은 타고나는 것이 아니라, 훈련되고 길러지는 것이라는 점 꼭 기억하시길 바랍니다.

네 번째, "나보다 잘 쓰는 사람이 너무 많다"라는 착각입니다. SNS를 보다 보면 이런 생각이 듭니다.
"이미 잘 쓰는 사람이 너무 많아요."
"비슷한 이야기는 다 나왔잖아요."

이 생각은 매우 위험합니다. 왜냐하면 사실처럼 느껴지기 때문입니다. 하지만 책의 세계에서 이 말은 절반만 맞고, 절반은 완전히 틀렸습니다. 맞는 부분부터 말하자면, 글을 잘 쓰는 사람은 문과 또는 작가님이 많습니다. 틀린 부분은 이것입니다. 그래서 어떤 독자님은 '내가 쓴 책은 필요가 없다'라는 결론을 내리기도 합니다.

그러나 책은 경쟁 상품이 아닙니다. 독자님들은 단 하나의 목소리만 읽지 않습니다. 같은 주제라도, 누가 어떤 위치에서 말하느냐에 따라 완전히 다른 책이 됩니다. 특히, 직장인 독자님들은 "최고의 글"보다는 "나와 가까운 글"을 원합니다.

SNS는 이 미묘한 차이를 지워버립니다. 숫자가 많은 쪽, 반응이 빠른 쪽만 눈에 띄기 때문입니다. 그 결과, 우리는 이렇게 생각합니다.

"나는 굳이 쓰지 않아도 될 사람"

하지만 출판 시장에서 가장 많이 읽히는 책은, 가장 잘 쓴 책이 아니라 가장 적절한 거리에서 말을 건네는 책입니다.

다섯째, SNS 글쓰기와 책 쓰기는 완전히 다릅니다.
많은 직장인들이 이렇게 말합니다.
"SNS에서는 글을 잘 쓰는데, 책은 자신이 없어요."

이 말은 정확합니다. 왜냐하면 두 글쓰기는 완전히 다른 능력을 요구하기 때문입니다. SNS 글쓰기는 순간의 통찰과 표현력이 중요합니다. 반면, 책 쓰기는 글의 구조와 지속력이 핵심입니다. SNS에서는 한 문장이 전부지만, 책에서는 그 문장이 어디에 놓이는지가 더 중요합니다.

문제는 SNS에서의 성공 경험이 오히려 책 쓰기를 방해할 때가 있다는 점입니다. 짧은 글에서 바로 반응을 얻던 사람일수록, 긴 시간 아무 반응 없는 원고를 견디기 힘들어합니다. 그래서 중간에 멈추게 되기도 합니다. 그리고 이렇게 해석하곤 합니다.

"나는 책 체질이 아닌가 보다."

하지만 그건 체질의 문제가 아닙니다. 환경이 달라졌을 뿐입니다.

여섯째, 저 역시 SNS 앞에서 흔들렸습니다.
저도 그랬습니다. 책을 쓰기 전, SNS에 글을 올리며 반응을 보던 시기가 있었습니다. 좋아요 숫자에 신경 쓰지 않는 척했지만, 사실은 매번 확인하곤 했습니다. 그리고 책 원고를 쓰기 시작했을 때, 원고 쓰기 과정에서의 그 특유의 조용함이 유난히 크게 느껴졌습니다.

아무도 읽지 않는 글
아무 반응도 없는 문장
잘 쓰고 있는지 알 수 없는 상태

그때 깨달았습니다. SNS가 저를 "글 쓰는 사람"으로 만들어준
동시에, "혼자 글 쓰는 사람"이 되는 법은 가르쳐주지 않았다는
것을. 책 쓰기는 결국 혼자 견뎌야 하는 자신과의 싸움입니다.
그 긴 시간을 통과해야만 비로소 독자님을 만날 수 있습니다.

일곱째, SNS를 끊을 필요는 없습니다. 다만, 분리해야 합니다.
이 장의 결론은 SNS를 하지 말자는 것이 아닙니다. 중요한 것
은 구분입니다. SNS 글쓰기와 책 쓰기를 같은 선상에 올려놓
지 말아야 한다는 것입니다. 같은 기준으로 평가하지도 말아
야 합니다.

SNS는 글쓰기 연습장이 될 수 있습니다. 하지만, 책은 작품입
니다.
연습장에서 잘 안 된다고, 작품을 포기할 이유는 없습니다.

여덟째, 다시, 책 쓰기의 자리로 가야 합니다.
SNS는 우리에게 많은 것을 주었지만, 동시에 중요한 감각 하나를 흐리게 만들었습니다. 바로 천천히 써도 괜찮다는 감각입니다. 책 쓰기는 느려도 됩니다. 반응이 없어도 됩니다. 잘 쓰이지 않아도 됩니다.

그 과정을 견디는 사람이 결국 한 권의 책을 갖습니다.

이제 질문을 이렇게 바꿔 보도록 합시다.
"이 글이 반응을 얻을까?"가 아니라
"이 글이 한 권의 책 일부가 될 수 있을까?"

그 질문에 "예"라고 답할 수 있다면,
독자님께서는 이미 SNS가 아닌 책의 시간으로 들어온 것이라고 생각합니다.

03

"나는 평범해서 안 돼"의 정체

책을 쓰고 싶다고 말하는 직장인들에게, 저는 거의 비슷한 말을 듣습니다. 앞선 장에서 말한 "작가가 아니라서요"나 "요즘 글 잘 쓰는 사람이 너무 많잖아요"라는 말 뒤에는, 결국 이 문장이 숨어 있다.

"저는 너무 평범해서 책으로 쓸 것이 없어요."

이 말은 참 묘합니다. 스스로를 낮추는 것처럼 들리지만, 동시에 단호합니다. 가능성을 아예 닫아버리는 말이기 때문입니다. 이 문장을 말하는 순간, 책 쓰기는 더 이상 선택지가 되지 않습니다. 이미 가장 흔하지만 가장 강력한 착각인 "책 쓰기는 평범한 사람에게는 안 되는 일"이기 때문입니다.

그런데 정말 그럴까요?

평범하면 책을 쓸 수 없는 것일까요?

아니면 우리가 "평범함"이라는 단어를 잘못 이해하고 있는 것일까요?

첫 번째, "평범하다"라는 말이 가진 힘을 잊었기 때문입니다. "평범하다"라는 말은 원래 중립적인 단어입니다. 특별히 잘난 것도, 특별히 부족한 것도 없다는 뜻입니다. 그런데 책 이야기 앞에 이 말이 붙는 순간, 의미는 완전히 달라집니다.

- **평범하다 = 책이 안 된다**
- **특별하다 = 책이 된다**

우리는 언제부터 이 공식을 당연하게 받아들이게 되었을까요? 아마도 책이 "결과물"로만 보이기 시작한 순간부터일 것입니다. 서점에 진열된 책을 떠올려 봅시다. 성공한 사람의 이야기, 극적인 변화, 눈에 띄는 타이틀. 그 장면만 보고 있으면 이런 생각이 들기 쉽습니다.

"나같이 평범한 사람 이야기는 없어."

하지만 여기서 놓치고 있는 사실이 있습니다. 책은 "특별한 삶"에서만 나오는 것이 아니라, "해석된 삶"에서 나온다는 것입니다. 평범함 그 자체가 문제가 아니라, 그 평범함을 그냥 지나쳐버리는 태도가 문제입니다.

두 번째, 우리는 왜 스스로를 평범하다고 규정할까?
직장인들은 유난히 자기 자신을 평범하다고 말합니다. 이유는 단순합니다. 매일 비슷한 시간에 출근하고, 비슷한 업무를 하고, 비슷한 고민을 하기 때문입니다. 반복되는 일상 속에서 우리는 점점 자신의 삶을 "설명할 필요 없는 익숙한 것"으로 분류합니다.

"다들 이렇게 살잖아요."
"회사 다니면 다 비슷하죠."

이 말은 사실입니다. 많은 부분에서 비슷합니다. 하지만 비슷하다는 것과 같다는 것은 전혀 다릅니다. 같은 조직 안에서도 사람마다 해석은 다르고, 선택도 다르고, 기억에 남는 장면 역시 다릅니다. 그럼에도 우리는 그 차이를 스스로 지워버립니다. 왜냐하면 그 차이를 꺼내는 순간, 책임이 생기기 때문입니다.

"이것은 내 이야기야"라고 말해야 하는 책임 말입니다.

"나는 평범해서 안 돼"라는 말은 그래서 편합니다. 더 들여다
볼 필요도 없고, 더 써 볼 필요도 없습니다. 하지만 그 편안함
의 대가로, 한 권의 책은 영영 사라집니다.

세 번째, 평범함은 결핍이 아니라 조건입니다.
많은 사람들이 착각합니다. 책을 쓰기 위해서는 남들과는 다
른 삶을 살아야 한다고. 극적인 성공이나 실패, 누구나 놀랄
만한 사건이 있어야 한다고 말입니다.

하지만 실제 독자들이 가장 많이 찾는 이야기는 다릅니다.
"나랑 비슷한 사람이, 나보다 조금 먼저 겪어 본 이야기"

이 "조금"이라는 거리감이 매우 중요합니다. 너무 대단하면 현
실감이 없고, 너무 같거나 비슷하면 새로울 게 없습니다. 평범
함은 이 거리를 만들어 주는 가장 좋은 조건입니다.

직장인의 일상은 수많은 사람들에게 공통의 배경이 됩니다. 그 안에서의 선택, 생각, 감정의 변화는 충분히 이야기의 재료가 됩니다. 오히려 너무 특별한 경험은 독자 수를 좁힙니다. 반면 평범한 경험은 독자의 폭을 넓힙니다.

그럼에도 우리는 여전히 이렇게 말합니다.
"이 정도는 다 아는 이야기잖아요."

그렇다면 이렇게 묻고 싶습니다.
"다 안다고 해서, 잘 해석되고 정리되어 있을까?"

책의 역할은 새로운 사실을 알려주는 데만 있지 않습니다. 이미 알고 있지만 말로 정리되지 않았던 생각을 대신 말해 주는 데 그 역할이 있습니다.

네 번째, 비교가 만든 또 하나의 착각이 있기 때문입니다. SNS와 미디어 환경 속에서 우리는 끊임없이 비교합니다. 더 잘난 사람, 더 극적인 스토리, 더 빠른 성공. 그 옆에 서 있는 나의 삶은 상대적으로 더 평범해 보입니다. 이 비교는 조용히, 그러나 집요하게 작동합니다.

"저 사람 정도는 돼야 책을 쓰지."
"사회적으로 성공을 먼저 해야 책을 쓰지."

이 생각이 반복되면, 우리는 기준을 점점 높이게 되는 셈입니다. 그러다 보면 결국, 그 기준에 맞는 사람은 "항상 다른 사람"이 됩니다. 본인은 언제나 그 기준보다 조금 아래에 머뭅니다.

하지만 책은 비교로 쓰는 것이 아닙니다.
자기 위치에서 쓰는 것입니다.

내가 서 있는 이 자리, 내가 겪은 삶의 속도, 내가 이해한 방식. 이 모든 것은 누군가에게 처음 듣는 이야기입니다. 평범하다는 이유로 스스로를 제외시키는 순간, 그 누군가는 영영 그 이야기를 읽지 못하게 됩니다.

다섯 번째, 저 역시 "평범해서 안 된다"라고 생각했습니다.
저도 제 책을 내기 전까지 비슷한 생각을 했습니다. 특별한 이력도 없었고, 눈에 띄는 성과도 없었습니다. 회사에서의 하루는 반복됐고, 고민 역시 평범했습니다. 이직도 하고 백수의 삶도 겪었습니다. 그래서 오랫동안 이렇게 생각했습니다.

"내 이야기를 누가 읽을까?"

하지만 원고를 쓰면서 알게 되었습니다. 중요한 것은 이야기가 얼마나 대단한지가 아니라, 얼마나 솔직하게 정리되어 있는가입니다. 평범하다고 여겼던 경험들이, 글로 풀어내는 순간 다른 얼굴을 드러냈습니다.

제가 당연하게 넘겼던 생각에, 누군가는 밑줄을 그었습니다. 제가 별것 아니라고 여겼던 고민에, 누군가는 고개를 끄덕였습니다. 그때 깨달았습니다. 평범함은 숨겨야 할 것이 아니라, 가장 강력한 재료일 수 있다는 것을.

여섯 번째, "평범해서 안 돼"의 진짜 정체를 발견해야 합니다. 이제 이 문장을 다시 보도록 합시다.
"나는 평범해서 작가님이 될 수 없어."

이 말의 정체는 사실 이것일 겁니다.
"내 이야기를 들여다볼 자신이 없다."
"내 생각을 책임지고 끝까지 써 볼 용기가 없다."

조금 가혹하게 들릴 수도 있습니다. 하지만, 이 문장을 넘어서기 위해서는, 이 정체를 인정해야 합니다. 평범함은 핑계가 될 수 있지만, 책을 쓰지 못하게 되는 이유는 아닙니다.

책을 쓰는 과정은 결국 자기 해석의 과정입니다. 그 과정은 때로는 불편하고, 귀찮고, 확신이 없습니다. 그래서 우리는 평범함이라는 단어 뒤에 숨습니다. 그 단어는 우리를 안전하게 만들어 줍니다.

하지만 동시에, 아무것도 시작하지 않게 만듭니다.

일곱 번째, 평범한 사람만이 쓸 수 있는 책이 있습니다.
역설적이게도, 지금 출판 시장에서 가장 필요한 목소리는 "아주 뛰어난 사람"이 아니라 "말할 수 있는 평범한 사람"입니다. 전문가의 말은 넘쳐납니다. 성공담도 많습니다. 하지만 그 사이에서, 여전히 공백으로 남아 있는 이야기가 있습니다.

- **실패를 크게 극복하지는 못했지만, 계속 버티는 사람의 이야기**
- **대단한 성취는 없지만, 일상을 유지해 온 사람의 생각**
- **완벽하지 않아서 더 현실적인 선택들**

이 이야기는 평범한 사람만이 쓸 수 있습니다. 그리고 그 이야기를 기다리는 독자님은 생각보다 많습니다.

여덟 번째, 이제 질문을 바꿀 시간입니다.
이제 더 이상 이렇게 묻지 맙시다.
"내 삶은 책이 될만큼 특별한가?"

대신 이렇게 묻도록 합시다.
"내 삶에서, 내가 가장 오래 생각해 온 것은 무엇인가?"
"누군가에게 한 번쯤은 정리해서 말해 주고 싶었던 이야기는 무엇인가?"

그 질문에 답하기 시작하는 순간, 평범함은 장애물이 아니라 출발점이 됩니다.
책은 특별한 사람의 증명이 아닙니다.
평범한 사람이 자기 삶을 해석한 결과물입니다.

그 해석을 시작할 준비가 되었다면,
독자님께서는 이미 다음 장으로 갈 준비가 된 것입니다.

2장

책을 쓰지 못하게 만드는 4가지 오해

01

시간이 있어야 쓴다

책을 쓰고 싶다는 직장인에게 가장 먼저 나오는 말은 거의 정해져 있습니다.

"지금은 시간이 없어서요."

그리고 그 말 뒤에는 자연스럽게 이런 단서가 붙습니다.

"조금 여유가 생기면 그때 시작하려고요."

저 또한 그랬습니다. 바쁜 직장인 또는 백수의 삶을 누구보다 잘 아는 사람이라면, 이 말에 고개를 끄덕일 수밖에 없습니다. 야근, 회의, 업무 마감, 집에 돌아오면 남아 있는 체력은 거의 없습니다. 또한, 백수의 삶에서도 하루 종일 제출할 이력서와 씨름하고 나면 저녁에 남아 있는 체력은 거의 없습니다. 이런 상황에서 책을 쓰라는 말은 현실을 모르는 조언처럼 들릴 수 있습니다.

하지만 이 장에서는 조금 불편한 이야기를 하려고 합니다. "시간이 있어야 책을 쓴다"라는 생각이야말로, 가장 강력하게 책 쓰기를 막는 오해라는 이야기입니다.

첫 번째, 우리는 왜 늘 시간이 없다고 느낄까.
먼저 인정해야 할 사실이 있습니다. 직장인과 백수는 정말 바쁩니다. 이건 의지가 약해서도, 시간 관리가 엉망이라서도 아닙니다. 구조적으로 바쁠 수밖에 없는 환경에 놓여 있습니다.

문제는 여기서 한 발 더 나아간 생각입니다.
"시간이 없는 상태에서는 책을 쓸 수 없다."

이 생각은 아주 자연스럽게 들리지만, 사실은 한 가지 전제를 깔고 있습니다. 책은 "충분한 시간"이 있어야만 가능한 일이라는 전제입니다.

그래서 우리는 이렇게 상상합니다. 연차가 줄어들고, 업무가 안정되고, 삶에 여유가 생긴 어느 날. 그때 비로소 노트북을 열고 차분히 글을 쓰는 모습.

하지만 냉정하게 말하면,
그 "어느 날"은 거의 오지 않습니다.

두 번째, 시간이 생기면 쓰겠다는 말의 진짜 의미를 알아야 합니다.
"시간이 생기면 글과 책을 쓰겠다."라는 말은 사실 이렇게 해석할 수 있습니다.
"지금의 나로서는 글과 책을 쓰기가 어렵다."
이 말 속에는 두려움이 숨어 있습니다. 지금의 피곤한 상태로 글을 쓰면 이야기가 형편없을 것 같고, 지금의 집중력으로는 책 같은 걸 완성하지 못할 것 같다는 두려움. 그래서 우리는 시간, 체력, 환경, 마음의 여유라는 '조건'을 답니다.

하지만 책을 쓴 사람들의 이야기를 들어보면, 공통점이 하나 있습니다. 조건이 갖춰져서 쓴 사람이 거의 없다는 점입니다.

오히려 반대입니다. 조건이 안 갖춰진 상태에서 시작했고, 쓰는 과정에서 조금씩 조건을 만들어 갔습니다.

세 번째, 책을 쓴 사람들도 모두 바빴습니다.
여기서 한 가지 사실을 분명히 해야 합니다.
직장인 저자들도 예외적인 사람들이 아닙니다.

그들도 야근을 했고, 회의에 지쳤고, 퇴근 후에는 아무것도 하기 싫었습니다. 그럼에도 책을 쓸 수 있었던 이유는 단 한 가지입니다.

"시간이 생기기를 기다리지 않았기 때문입니다."

그들은 시간을 "확보"하지 않았습니다. 시간을 조각내서 사용했습니다.

- **하루 3시간이 아니라 30분**
- **완벽한 집중이 아니라 가능한 집중**
- **매일이 아니라 가능한 날**

이 차이는 아주 작아 보이지만, 결과는 완전히 달라집니다.

네 번째, 책 쓰기는 생각보다 느린 작업이다.
많은 사람들이 책 쓰기를 오해합니다. 마치 긴 시간 몰입해서 단숨에 써야 하는 일처럼 생각합니다. 그래서 주말이나 휴가 같은 큰 시간을 기다립니다.

하지만 실제 책 쓰기는 다릅니다. 책은 한 번에 쓰는 것이 아니라, 조금씩 쌓이는 것입니다.

하루에 한 챕터를 쓰지 않아도 됩니다. 하루에 한 페이지도 부담스럽다면, 한 문단이면 충분합니다.

중요한 것은 속도가 아니라 연결성입니다. 며칠 쉬었다가 다시 돌아올 수 있는 구조를 만드는 것, 그게 직장인이 책을 완성하는 방식입니다.

다섯 번째, "시간이 없어서"라는 말은 위험합니다.
"시간이 없어서 글과 책을 못 쓴다."라는 말이 반복되면, 우리는 점점 이렇게 믿게 됩니다.

"나는 책을 쓰기에는 너무 바쁜 사람이다."

이 믿음은 스스로를 보호해 주지만, 동시에 책을 위한 글쓰기의 가능성을 닫아버립니다. 왜냐하면 이 믿음은 반증할 수 없기 때문입니다. 언제나 바쁠 수 있기 때문입니다.

그 결과, 책 쓰기는 늘 미래로 밀려납니다. 지금은 아니고, 다음 달도 아니고, 올해도 아닙니다.

하지만, 책은 미래에서 쓰는 것이 아닙니다. 언제나 현재의 상태로 쓰는 것입니다.

여섯 번째, 시간보다 중요한 것은 "자리"입니다.
여기서 관점을 조금 바꿔 보도록 합시다.
책을 쓰는 사람들에게 정말 필요한 것은 시간이 아니라, 글을 쓰는 자리입니다.

이 자리는 물리적인 공간일 수도 있고, 하루 중 특정 시간일 수도 있고, 혹은 "이때는 무조건 쓴다"라는 약속일 수도 있습니다.

중요한 것은 길이가 아닙니다. 짧아도 상관없습니다. 다만, 반복되어야 합니다. 이 자리가 생기면, 글은 조금씩 움직이기 시작합니다.

일곱 번째, 저 역시 시간이 없었습니다.
저도 책을 쓰기 전에는 늘 시간이 없다고 말했었습니다. 직장인일 때에는 회사 일도 벅찼고, 퇴근 후에는 쉬고 싶었습니다. 글을 쓸 체력은 늘 부족했습니다. 이직러나 백수일 때도 마찬가지였습니다. 본업보다 다른 것이 우선될 수는 없었기 때문입니다.

그럼에도도 불구하고 원고를 쓰기 시작했을 때, 제 하루가 갑자기 한가해진 것은 아니었습니다. 달라진 것은 단 하나였습니다.

"현재 이 상태에서도 글을 쓸 수 있다."라고 스스로를 향한 기준을 낮춘 것.

그 순간부터 글쓰기는 "해야 할 일"이 아니라, 잠깐이라도 이어가야 할 흐름이 되었습니다.

여덟 번째, 책을 쓰는 사람은 시간을 기다리지 않습니다.
책을 쓰는 사람과 쓰지 못하는 사람의 차이는 능력이 아닙니다. 그 차이는 이 질문에 대한 답입니다.

"완벽한 시간을 기다릴 것인가,
아니면 불완전한 지금을 사용할 것인가."

책은 여유의 산물이 아닙니다. 결정의 결과물입니다.

아홉 번째, 이제 질문을 바꿀 차례입니다. 이제 이렇게 묻지 않기로 합시다.
"언제 시간이 날까?"

대신 이렇게 물어보도록 합시다.
"지금의 하루에서, 글을 밀어 넣을 수 있는 가장 작은 틈은 어디일까?"

그 질문에 답하는 순간, 책은 더 이상 먼 미래의 계획이 아니라 오늘의 선택이 됩니다.

열 번째, 시간이 없어서 못 쓴 게 아닙니다.

마지막으로 이 문장을 다시 보도록 합시다.

"시간이 있어야 글을 씁니다."

이 말을 사실 이렇습니다.

"지금은 아직 선택하지 않았다."

책은 시간을 주면 쓰는 것이 아닙니다. 쓰기로 선택한 사람에게 시간이 맞춰집니다. 다음에서는, 그 선택을 더 어렵게 만드는 또 하나의 생각을 다뤄 볼 것입니다.

02

글을 잘 써야 한다

책 이야기를 꺼내면, 많은 직장인들이 잠시 말을 멈춥니다. 그리고 조금 머뭇거리다 이런 말을 덧붙입니다.
"근데 저는 글을 잘 못 써서요."

이 문장은 "시간이 없어서요."만큼이나 자주 등장합니다. 그리고 그만큼 강력합니다. 왜냐하면 이 말은 더 이상 반박하기 어렵기 때문입니다. 시간이 없다는 말에는 방법이 있을 수 있지만, 글을 못 쓴다는 말 앞에서는 모든 시도가 멈추게 됩니다.

하지만 이 장에서는 분명히 말하려고 합니다.
"글을 잘 써야 책을 쓸 수 있다"는 생각은 사실이 아닙니다.
오히려 이 생각이, 책 쓰기를 가장 오래 붙잡아 두는 오해입니다.

첫 번째, 우리는 언제부터 "잘 쓰는 것"을 먼저 따지게 되었을까요?

대부분의 직장인은 글쓰기를 좋아하지 않습니다. 정확히 말하면, 글쓰기 평가를 좋아하지 않는 것입니다. 학교에서의 글쓰기는 늘 채점의 대상이었고, 회사에서의 글쓰기는 늘 수정의 대상이기 때문입니다.

빨간 펜으로 고쳐진 문장
"이 표현은 별로야"라는 코멘트
의도가 아니라 표현을 먼저 지적받는 경험

이 경험들이 쌓이면서 우리는 글을 이렇게 인식하게 됩니다.

- **글은 잘 써야 하는 것**
- **잘 못 쓰면 보여주면 안 되는 것**

그래서 책을 떠올리는 순간, 우리는 내용이 아니라 실력을 먼저 생각하게 됩니다.

"내가 그 정도 수준은 되려나?"
"문장이 유려하지 않은데 괜찮을까?"

하지만 이 질문들은 방향이 잘못되었습니다.

책 쓰기는 "잘 쓰는 능력"에서 시작하지 않습니다.

"끝까지 쓰는 능력"에서 시작됩니다.

두 번째, "글을 잘 쓴다"라는 말의 정체를 깨달아야 합니다.

여기서 한 번 짚고 넘어가야 합니다.

우리가 말하는 "글을 잘 쓴다"라는 것은 정확히 무엇일까요?

문장이 유려한 것?

비유가 멋진 것?

감동적인 표현?

물론 그런 요소들도 있습니다. 하지만 독자가 책을 덮으면서

기억하는 것은 대개 다릅니다.

- "이 책, 내 이야기 같았어."
- "정리가 잘 되어 있어서 이해가 쉬웠어."
- "내가 막연하게 느끼던 걸 대신 말해줬어."

이 반응의 핵심은 문장력이 아닙니다. 생각의 정리력과 진정

성입니다.

그럼에도 불구하고 우리는 "잘 쓴 글"을 너무 좁게 정의해 왔습니다. 마치 문학 작품처럼 써야만 책이 되는 것처럼 오해합니다. 이 오해가 직장인들의 손을 키보드에서 떼어 놓습니다.

세 번째, 책을 낸 사람들은 처음부터 잘 썼을까요?
출간된 책만 보면 착각하기 쉽습니다. 처음부터 저 문장을 쓸 수 있을 것이라고. 하지만 실제 원고의 첫 버전을 보면, 대부분의 사람들은 이렇게 말합니다.

"이걸로 어떻게 책이 나왔지?"

책을 낸 사람들도 처음에는 서툴렀습니다. 문장은 길었고, 논리는 흔들렸고, 반복도 많았습니다. 다만 한 가지 차이가 있었습니다.

그들은 "못 쓴 상태"를 통과했다는 것.

글을 잘 쓰는 사람과 책을 쓰는 사람의 차이는 여기서 갈립니다. 잘 쓰려고만 하는 사람은 시작하지 못하고, 못 써도 괜찮다고 허락한 사람은 끝까지 갑니다.

네 번째, 직장인에게 필요한 것은 문장력이 아닙니다.
직장인이 책을 쓰는 데 가장 필요한 능력은 무엇일까요? 많은 사람들이 "문장력"이라고 생각하지만, 실제로는 다릅니다.

직장인에게 가장 중요한 것은 "설명하는 능력"입니다. 스스로가 겪은 일들을 말로 풀어내는 능력, 복잡한 상황들을 독자들이 이해할 수 있게 정리하는 능력. 이 능력은 이미 대부분의 직장인에게 있습니다. 우리는 매일 회의에서 설명하고, 보고서에서 정리하고, 메일로 상황을 전달합니다. 다만 그것을 "글쓰기 능력"으로 인식하지 않을 뿐입니다.

책 쓰기는 이 능력을 다른 형식으로 옮기는 일입니다. 완전히 새로운 재능이 필요하지 않습니다.

다섯 번째, "글을 잘 쓰고 나서 시작하겠다"라는 말의 함정에 빠지면 안됩니다.
많은 사람들이 이렇게 말합니다.

"글 공부 좀 하고 나서요."
"좀 더 연습한 다음에요."

이 말은 성실해 보이지만, 사실은 끝이 없습니다. 글쓰기에는 "충분히 잘 쓰게되는 시점"이 오지 않기 때문입니다. 쓰는 사람일수록 더 많은 부족함을 느낍니다.

그래서 글쓰기를 공부만 하다 끝나는 사람들이 많습니다. 책 한 권은 안 썼지만, 강의는 여러 개 들은 상태. 또는 책 쓰기 관련 책을 여러 권 읽고 접한 상태. 이 상태가 길어질수록, 실제로 책 출간을 위한 글쓰기는 점점 더 어려워집니다.

왜냐하면 기준이 점점 높아지기 때문입니다.

여섯 번째, 책은 "잘 쓴 글"의 모음이 아닙니다.
중요한 사실 하나를 말해야 합니다. 책은 잘 쓴 글의 집합이 아닙니다. 책은 생각의 흐름입니다. 독자를 한 지점에서 다른 지점으로 데려가는 구조입니다.

그래서 책에서는 한 문장이 빛나지 않아도 괜찮습니다. 문장이 조금 투박해도, 흐름이 살아 있다면 책은 충분히 읽힙니다. 오히려 너무 문장에만 공을 들이면, 책 전체의 방향을 잃기 쉽습니다.

초보 저자일수록 문장을 고치느라 진도를 잘 못 나갑니다. 하지만, 책을 완성하는 사람은 다릅니다. 일단 써 놓고, 나중에 고칩니다.

일곱 번째, 저 역시 "글을 못 쓰는 사람"이라고 생각했습니다. 저도 처음에는 글을 잘 쓰는 사람이 아니라고 생각했습니다. 그래서 책을 쓰는 것이 늘 부담스러웠습니다. 한 문단을 쓰고 나면 지우고, 또 지우고, 결국 아무것도 남지 않았던 때도 있었습니다. 그때 깨달았습니다. 문장을 고치는 사람이 아니라, 분량을 쌓는 사람이 되어야 한다는 것.

원고가 쌓이기 시작하자, 글은 자연스럽게 정리되기 시작했습니다. 잘 쓰려고 애 쓰지 않아도, 맥락이 생기고 톤이 맞아갔습니다. 글은 쓰면서 나아지는 것이지, 준비가 끝나서 잘 써지는 것이 아니었습니다.

여덟 번째, 독자님은 "작가의 실력"을 보러 오지 않습니다.
독자가 책을 집어 드는 이유는 단순합니다.

- **이 책이 내게 도움이 될 것 같아서.**
- **내 이야기를 대신 해 줄 것 같아서.**

독자는 작가의 문장력을 평가하러 오지 않습니다. 오히려 너무 잘 쓴 문장은 거리감을 만들기도 합니다. 직장인 독자에게 중요한 것은, 이해 가능성과 공감 가능성입니다.

조금 서툴러도 솔직한 문장
완벽하지 않아도 정리된 생각

이 두 가지가 있다면, 책은 충분히 역할을 합니다.

아홉 번째, 글을 잘 쓰는 것은 목표가 아니라 결과입니다.
여기서 관점을 바꿔보도록 합시다. 글을 잘 쓰는 것은 출발점이 아닙니다. 완성의 부산물입니다.

한 권을 써 본 사람과, 아직 한 줄도 못 쓴 사람의 차이는 실력이 아니라 경험입니다. 한 권을 써 본 사람은 두 번째 책을 훨씬 수월하게 씁니다. 그게 바로 "글을 잘 쓰게 된 것처럼 보이는" 이유입니다.

열 번째, 이제 이렇게 말해도 됩니다.
"나는 글을 잘 쓰는 사람은 아니다."
하지만 그다음 문장이 더 중요합니다.

"그래도 책은 쓸 수 있다."

책 쓰기는 문장력 시험이 아닙니다. 생각을 끝까지 밀어붙이는 작업입니다.
다음에서는, 그 생각을 더 어렵게 만드는 또 하나의 믿음을 다룰 것입니다.

03

출판사가 있어야 한다

"옆에서 도와주는 출판사만 있으면 책을 쓸 수 있을 것 같아
요."

책을 쓰고 싶다는 직장인들의 이야기를 듣다 보면 가장 자주 듣
는 말 중 하나입니다. 이 말에는 2가지 전제가 숨어 있습니다.

첫째, 출판사가 있어야만 책이 된다는 생각.
둘째, 출판사가 모든 걸 해결해 줄 거라는 기대입니다.

그리고 이 두 가지 생각은 수많은 예비 저자들을 오늘도 조용
히 멈춰 세웁니다.

출판사는 책 쓰기의 "출발점"이 아닙니다.
많은 직장인들이 책 쓰기를 이렇게 상상합니다.

"출판사에서 연락이 오면 주제를 정하고, 원고를 도와주고, 편집해 주고, 책으로 만들어 줄 것이다."

그래서 지금도 누군가는 말합니다.

"아직 출판사가 없어서요."
"출판 제안이 들어오면 그때 쓰려고요."
"출판사랑 먼저 연결되어야 하지 않나요?"

하지만 냉정하게 말해 봅시다.
출판사는 책 쓰기의 출발점이 아닙니다.
출판사는 "결과물"을 보고 움직입니다.

출판사가 원하는 것은 딱 한 가지입니다. 이미 쓰이기 시작한 원고, 혹은 최소한 명확한 기획안입니다.

아무것도 없는 상태에서 "책 쓰고 싶은데요."라고 말하는 사람과 "이런 구조로, 이런 독자를 위해, 이런 메시지의 원고를 쓰고 있습니다."라고 말하는 사람 중 출판사가 누구에게 관심을 가질지는 너무나도 명확합니다.

독자님께서 아직 책을 쓰지 못한 이유는 출판사가 없기 때문이 아닙니다.

- 하루에 한 문단도 쓰지 않았고
- 메모조차 하지 않았고
- 글로 정리된 경험이 없고
- 독자에 대한 고민도 하지 않았기 때문입니다.

출판사는 이 공백을 채워주는 존재가 아닙니다. 출판사는 이미 채워진 것을 다듬고, 확장하고, 유통하는 역할을 할 뿐입니다.

즉, 지금 독자님께 필요한 것은 출판사가 아니라 "글을 쓰고 있는 본인"이라는 상태입니다.

출판사는 작가를 만들어 주지 않습니다. 많은 직장인들께서 출판사를 일종의 "자격 부여 기관"처럼 생각합니다.

"출판사에서 책을 내면 작가가 되는 것이죠?"
"출판사가 선택해 줘야 작가님 아닌가요?"

하지만 현실은 정반대입니다. 작가님이기 때문에 출판사가 붙습니다.

작가님이란 무엇일까요?
이미 글을 쓰고 있는 사람입니다. 정기적으로 기록하고, 자신의 생각을 문장으로 정리하고, 독자들을 상정해 글을 다듬는 사람입니다.

출판사는 이런 사람을 "발견"할 뿐 "양성"하거나 "선발"하지 않습니다.

출판사가 있는 사람만 작가라면, 세상에 존재하는 수많은 독립 출판 작가님, 전자책 작가님, 브런치 작가님, 뉴스레터 작가님은 무엇이 될까요?

출판사는 경로 중 하나일 뿐입니다. 자격증도, 허가증도 아닙니다. 지금은 "출판사가 없어도" 책을 낼 수 있는 시대입니다.

우리가 살고 있는 시대는 출판사가 없으면 책을 낼 수 없는 시
대가 아닙니다.

- **전자책 플랫폼**
- POD(Print On Demand)
- **독립출판**
- **뉴스레터 연재 후 단행본화**
- **브런치 → 출판 연계**
- **크라우드 펀딩 출판**

책을 세상에 내놓을 수 있는 방식은 이미 넘쳐납니다.

그런데도 여전히 "출판사가 있어야 책을 쓸 수 있다."라는 생
각에 머무르는 이유는 무엇일까요?

그건 책 쓰기의 책임을 누군가에게 미루고 싶기 때문입니다.

출판사가 있으면
→ 방향을 정해 줄 것 같고
→ 일정 관리를 해 줄 것 같고

→ 완성도를 책임져 줄 것 같고

→ 실패의 부담도 덜어줄 것 같기 때문입니다.

하지만 진실은 이것입니다. 책 쓰기의 책임은 처음부터 끝까지 저자, 즉 작가님에게 있습니다. 출판사는 그 책임을 대신 져 주지 않습니다.

출판사가 있으면 더 쉽게 쓸 수 있을까요?
많은 사람들이 이렇게 반문합니다.

"그래도 출판사가 있으면 더 쉽게 쓸 수 있지 않나요?"

부분적으로는 맞습니다. 하지만 핵심은 이것입니다. 출판사가 있으면 "이미 쓸 수 있는 사람"이 더 잘 쓰게 됩니다.

아직 한 챕터도 써 본 적 없는 사람에게 출판사는 마법의 지팡이가 아닙니다. 오히려 출판 계약은

- **원고 분량**

- **마감 일정**

- **수정 요청**
- **시장성 검증**

이라는 현실적인 압박을 동반합니다.

쓰기 습관이 없는 상태에서 출판 계약부터 맺는다면 책 쓰기는 "로망"이 아니라 "고통"이 됩니다.

그래서 많은 계약 작가님들께서 중도에 포기하거나, 마감을 넘기거나, 두 번째 책을 쓰지 못하는 경우도 생기게 됩니다. 출판사를 기다리는 동안, 글은 늙어갑니다. 직장인의 경험은 시간에 민감합니다.

- **지금의 업무 노하우**
- **현재의 조직 문화**
- **지금 느끼는 감정**
- **이 시점에서만 할 수 있는 이야기**

이 모든 것들은 기다리는 동안 조금씩 가치가 줄어듭니다.

출판사를 기다리는 1년 동안 독자님의 이야기는 이미 과거형
이 될 수도 있습니다.

반면, 지금 글쓰기를 시작한 사람은 출판사가 없어도

- 글이 쌓이고
- 관점이 정리되고
- 구조가 만들어지고
- **작가 스스로의 만족도가 상승합니다.**

그리고 이 모든 것이 출판사를 부르는 신호가 됩니다.

출판사를 목표로 하지 말고, 원고를 목표로 하라. 책을 쓰고
싶은 직장인에게 가장 필요한 태도는 이것입니다.

"출판사를 찾겠다."가 아니라
"원고를 만들겠다."

출판사는 결과이고, 원고는 과정입니다. 과정 없이 결과를 얻
으려는 순간 책 쓰기는 멈추게 됩니다.

지금 독자님께서 해야 할 질문은 이것들입니다.

- 오늘 한 페이지라도 썼는가? O
- 나만의 목차가 있는가? O
- 독자에게 하고 싶은 말이 명확한가? O

이 질문에 "예"라고 답할 수 있다면 출판사는 언젠가 반드시 만나게 됩니다.

책은 출판사가 아니라 "작가님의 문장"으로 시작됩니다.

책은 출판사에서 시작되지 않습니다. 책은 글을 쓰는 작가님의 문장에서 시작됩니다.

퇴근 후 노트북 앞에서 혹은 출근길 지하철에서 혹은 메모장에 적힌 단 한 문장에서 시작됩니다.

출판사가 없어서 못 쓰는 책은 없습니다. 다만, 쓰지 않아서 출판사가 없는 책만 있을 뿐입니다.

이 장을 덮는 순간 출판사를 찾는 검색창은 닫고 글을 쓰는 문서를 열어봅시다.

책 쓰기는
"허락받는 일"이 아니라
"시작하는 일"입니다.

그리고 그 시작은 지금, 독자님 혼자서도 충분합니다.

04

실패하면 부끄러울 수 있다

"괜히 책을 냈다가 아무도 안 보면 어떡하죠?"
"주변에서 별로라고 하면요?"
"회사 사람들이 알게 되면 좀 창피할 것 같아요."

책을 쓰지 못하는 이유를 끝까지 따라가다 보면, 결국 이 문장에 도착합니다.

"실패하면 부끄러울 것 같아서요."

이 말은 아주 조용하고, 아주 강력합니다. 시간이 없어서도 아니고, 재능이 없어서도 아니고, 출판사가 없어서도 아닙니다.

부끄러움에 대한 두려움. 이 감정은 많은 직장인들의 손을 키보드 위에서 멈추게 합니다.

우리는 왜 "실패"를 이렇게 두려워하게 되었을까? 직장인들은 실패에 익숙하지 않도록 꾸준한 훈련을 받아 왔습니다.

- 시험은 정답이 있어야 했고
- 평가는 수치로 남았으며
- 성과는 비교되었고
- 실수는 인사 기록에 남았습니다.

회사에서 실패는 곧

- 무능
- 준비 부족
- 프로답지 못함

으로 해석되기 쉽습니다.

그래서 직장인들은 본능적으로 생각합니다.

"확실하지 않으면 하지 말자."
"완성도가 높을 때까지 숨기자."
"성공이 보장되지 않으면 시도하지 말자."

문제는 책 쓰기가
이 모든 태도와 정반대의 성질을 가진 행위라는 데 있습니다.

책 쓰기는 "실패 가능성"을 전제로 시작됩니다. 처음 쓰는 원고는 대체로 서툽니다. 첫 문장은 어색하고, 구조는 흔들리고, 메시지는 명확하지 않습니다.

그런데 많은 직장인들은 이 자연스러운 과정을 이렇게 받아들입니다.

"이 정도면 책으로 내기엔 부족한데?"
"이건 실패작이 될 것 같아."
"이러다 욕먹는 거 아니야?"

그래서 아예 쓰지 않습니다. 하지만, 분명히 짚고 넘어가야 할 사실이 있습니다. 책 쓰기에서 실패란 무엇인가요?

- 많이 팔리지 않는 것인가요?

- 베스트셀러가 되지 않는 것인가요?

- 주변의 큰 반응이 없는 것인가요?

만약 그렇다면, 세상에 성공한 책은 극소수이고 나머지는 모두 실패작이 되어버립니다. 그러나 현실의 작가님들께서는 그렇게 생각하지 않습니다. 책이 조용히 지나간다고 해서 실패는 아닙니다.

책은 영화도 아니고, 드라마도 아니고, 유튜브 영상도 아닙니다. 출간과 동시에 폭발적인 반응이 없다고 해서 그 책이 실패했다고 말할 수는 없습니다.

실제로 대부분의 책은

- 조용히 출간되고

- 조용히 읽히고

- 조용히 누군가의 인생에 남습니다.

직장인이 쓴 책은 특히 더 그렇습니다.

한 사람의 경험, 한 직무의 기록, 한 시기의 고민은 대중 전체
가 아니라딱 필요한 몇 사람에게 닿는 것만으로도 역할을 다
합니다.

그런데 우리는 왜
"모두에게 인정받지 못하면 실패"라고 생각할까요?

부끄러움의 정체는 바로 "타인의 시선"이기 때문입니다.

책 쓰기를 가로막는 부끄러움은 대부분 이런 질문에서 시작됩
니다.

- 회사 사람들이 뭐라고 할까?
- 지인이 읽고 평가하면 어떡하지?
- 전문가들이 보면 웃지 않을까?

즉, 독자보다 먼저 떠오르는 것은 타인의 시선입니다. 문제는
이 시선이 실제보다 훨씬 과장되어 있다는 데 있습니다.

냉정하게 말해 보도록 합시다. 독자님께서 책을 낸다고 해서

주변 사람들이 독자님의 책을 매 문장 분석하며 평가하지 않습니다.

대부분은

- "책 냈대"라고 지나가거나
- 관심없이 넘어가거나
- 몇 페이지만 읽고 덮습니다.

우리는 생각보다 서로에게 큰 관심이 없습니다.

그럼에도 불구하고 우리는 스스로를 무대 위에 올려놓고 모든 사람들이 나를 바라보고 있다고 착각합니다.

실패보다 더 위험한 것은 "아무것도 남기지 않는 것"입니다. 책을 쓰지 않으면 실패하지 않습니다. 대신, 아무 흔적도 남지 않습니다.

- 독자님께서 어떤 일을 했는지
- 어떤 고민을 했는지

- 무엇을 배웠는지
- 어떤 관점으로 세상을 보았는지

이 모든 것은 독자님의 머릿속에서만 머물다 시간과 함께 사라집니다. 책은 성공 여부를 떠나 기록으로 남습니다. 실패한 책이라 불리는 책도

- 누군가의 이력서가 되고
- 누군가의 커리어 전환의 증거가 되고
- 누군가의 다음 기회의 문이 됩니다.

반면, 쓰지 않은 책은 아무 역할도 하지 못합니다.

"망하면 어떡하지?"라는 질문을 바꿔보자
책을 쓰기 전에 이 질문을 이렇게 바꿔봅시다.

"망하면 어떡하지?" X
"이 책을 통해 내가 얻고 싶은 것은 무엇이지?" O

- 생각을 정리하는 경험일 수도 있고

- 커리어를 정리하는 과정일 수도 있고
- 나만의 언어를 만드는 연습일 수도 있고
- 다음 기회를 위한 포트폴리오일 수도 있습니다.

이 질문에 답할 수 있다면 책의 성과는 판매량 하나로만 평가되지 않습니다. 그리고 대부분의 직장인에게 첫 책의 가장 큰 성과는 이것입니다.

"나는 글을 책이 될 때까지 끝까지 써 본 사람이다."

실패를 감당할 수 있는 사람만이 책을 쓴다. 책을 쓰는 사람은 용감한 사람이 아닙니다. 불안감을 안고도 쓰는 사람입니다.

- 완벽하지 않아도 글을 쓰고
- 확신이 없어도 글을 쓰고
- 반응이 없을 수도 있다는 것을 알면서도 글을 씁니다.

그리고 이상하게도 그렇게 쓴 책은 생각보다 오래 살아남습니다. 왜냐하면 그 안에는 성공을 계산한 문장이 아니라 살아 있는 사람의 경험이 담겨있기 때문입니다.

부끄러움은 사라지지 않습니다. 다만, 작아질 뿐입니다. 중요한 사실 한 가지를 말하자면 책을 써도 부끄러움은 완전히 사라지지 않습니다. 출간 후에도

- 표지가 마음에 안 들고
- 한 문장이 계속 걸리고
- "왜 이렇게 썼을까" 싶은 부분이 보입니다.

하지만 달라지는 것이 있습니다. 부끄러움보다 "해 냈다"라는 감각이 커집니다. 그리고 그 감각은 다음 글을 쓰게 만들고 다음 도전을 가능하게 합니다.

책 쓰기는 실패를 피하는 일이 아니라, 감당하는 일입니다.
책 쓰기는 실패하지 않기 위한 게임이 아닙니다. 실패할 수도 있다는 것을 알면서도 한 걸음 내딛는 연습입니다. 그리고 그 연습은 회사에서는 절대 배울 수 없는 아주 강력한 성장 경험이 됩니다.

부끄러울 수 있습니다. 실패처럼 보일 수도 있습니다. 그럼에도 불구하고 독자님께서 글을 써야 하는 이유는 단 한 가지입

니다.

"쓰지 않으면 아무 일도 일어나지 않고, 독자에서 작가가 될 수 없습니다."

책은 성공한 사람만의 결과물이 아닙니다. 시도한 사람만이 가질 수 있는 기록입니다. 그리고 그 시도는 지금 이 순간, 독자님의 첫 문장에서 시작됩니다.

3장

보통 사람의 삶은
정말 쓸 게 없을까

01

경험은 사건이 아니라
해석이다

"제 삶은 너무 평범해서 쓸 게 없어요."

책을 쓰고 싶어하는 직장인들이 가장 자주, 그리고 가장 단호하게 하는 말입니다. 이 말은 거의 공식처럼 반복됩니다.

- 특별한 성공도 없고
- 드라마 같은 실패도 없고
- 남들에게 자랑할 만한 커리어도 없고
- 뉴스에 나올 만한 사건도 없습니다.

그래서 결론은 늘 같습니다.

"저는 책으로 쓸 경험이 없어요."

경험은 "사건"이어야 한다는 오해. 우리는 왜 경험을 사건으로
만 생각할까. 우리는 책에서 이런 이야기에 익숙합니다.

- 가난을 딛고 성공한 이야기
- 회사를 박차고 나와 창업에 성공한 이야기
- 인생의 바닥에서 극적으로 반전된 이야기

이런 이야기를 반복해서 소비하다 보니 어느 순간 우리는 이
렇게 생각하게 됩니다.

"이 정도는 되어야 책을 쓰는 거 아니야?"

그래서 일상적인 삶은
자동으로 "책의 소재가 안 되는 것"으로 분류합니다.

- 매일 출근하고
- 상사 눈치를 보고
- 성과 압박에 시달리고

- **퇴근 후 지친 몸으로 하루를 마무리하는 삶**

너무 흔하고, 너무 평범하고, 너무 많은 사람들이 겪고 있기 때문에 쓸 가치가 없다고 스스로 판단해 버립니다. 하지만 여기에는 아주 중요한 착각이 있습니다.

경험은 사건이 아니라 "의미가 붙은 순간"입니다.
경험은 단순히 무슨 일이 일어났다는 사실이 아닙니다. 경험은 그 일을 어떻게 받아들이고, 어떤 생각을 했고, 무엇을 배웠는지까지 포함한 전체입니다. 같은 사건이라도 사람마다 경험은 완전히 다릅니다.

- **같은 회사를 다녀도**
- **같은 팀에서 일해도**
- **같은 프로젝트를 해도**

누군가는 성장했다고 느끼고 누군가는 좌절했다고 느끼며 누군가는 아무 생각 없이 지나칩니다. 이 차이를 만드는 것은 사건이 아니라 해석입니다. 즉, 책으로 쓸 수 있는 것은 "무슨 일이 있었는가"가 아니라 그 일을 어떻게 이해했는가"입니다.

보통 사람의 삶에는 사건이 적습니다.

이건 사실입니다. 대부분의 직장인에게는 극적인 사건이 자주 일어나지 않습니다.

- 매년 회사를 옮기지도 않고
- 매번 큰 성공을 거두지도 않고
- 인생이 한순간에 뒤집히지도 않습니다.

그래서 "쓸 것이 없다"라고 느낍니다. 하지만, 이것은 이렇게 바꿔 말할 수 있습니다. 사건은 적지만, 해석은 매일 생깁니다.

- 오늘 회의에서 왜 유독 어느 분의 그 말이 마음에 걸렸는지
- 상사의 피드백을 듣고 어떤 감정이 올라왔는지
- 후배의 질문 앞에서 왜 머뭇거렸는지
- 이 일이 나에게 맞는 일인지 의심하게 된 이유는 무엇인지

이 모든 것은 아무 일도 아닌 하루 속에서 계속해서 발생하는 "해석의 순간"입니다.

책은 사건의 목록이 아니라 해석의 집합이다.

책을 쓰려고 할 때 많은 사람들이 가장 먼저 하는 것이 있습니다.

"내 인생에 어떤 사건이 있었지?"

그리고 금세 글을 쓰던 손길이 멈추게 됩니다. 하지만, 질문을 이렇게 바꾸면 전혀 다른 길이 열립니다.

"나는 이 일을 어떻게 생각해 왔지?"
"이 상황에서 나는 어떤 선택을 했지?"
"그 선택의 기준은 무엇이었지?"

이 질문은 화려한 사건이 없어도 얼마든지 답할 수 있습니다. 책 한 권은 엄청난 사건의 연속이 아니라 한 사람이 세상을 해석해 온 방식의 기록입니다.

평범한 경험이 더 강력한 이유가 있습니다. 아이러니하게도 독자분들께서는 종종 너무 특별한 이야기보다 너무 익숙한 이야기에 더 오래 머뭅니다. 왜냐하면 그 안에서 자기 자신을 발견하기 때문입니다.

- 나도 저런 생각을 했었는데
- 나도 저 상황에서 그렇게 느꼈는데
- 그런데 나는 그냥 넘겼는데 이 사람은 그것을 이렇게 정리했구나

이때 독자들은 깨닫습니다.

"아, 이건 저 사람의 이야기이면서
동시에 내 이야기구나."

이 공감은 극적인 사건보다 정확한 해석에서 나옵니다.

해석은 훈련할 수 있습니다.
"저는 원래 깊게 생각하는 스타일이 아니에요."
이렇게 말하는 사람도 있습니다.

하지만 해석은 타고나는 재능이 아니라 의식적으로 연습할 수
있는 능력입니다. 아주 간단한 질문부터 시작하면 됩니다.

- 왜 이 일이 기억에 남았을까?
- 그때 내가 불편했던 이유는 무엇일까?

- **지금 다시 보면 다른 선택이 가능했을까?**

이 질문에 완벽한 답을 할 필요는 없습니다. 중요한 것은 질문을 던지는 습관입니다.

책을 쓰는 사람은 삶을 더 많이 사는 사람이 아니라 삶을 더 자주 해석하는 사람입니다.

경험을 사건으로만 보면 계속 부족해진다.
사건 중심으로 책을 쓰려면 항상 이런 생각에 갇히게 됩니다.

- **아직은 아닌 것 같고**
- **더 잘되면 쓰고 싶고**
- **조금 더 특별해지면 시작하고 싶습니다.**

그래서 책 쓰기는 언제나 미래로 미루게 됩니다. 하지만 해석 중심으로 바라보면 상황은 완전히 달라집니다.

- **지금 이 회사에서 느끼는 감정**
- **이 직무를 선택한 이유**

- **일과 삶 사이에서의 고민**
- **성장에 대한 불안과 기대**

이 모든 것이 이미 충분한 재료가 됩니다.

책은 삶을 정리하는 도구입니다.

책은 이미 정리된 삶의 결과물이 아닙니다. 책은 삶을 정리하기 위해 쓰는 도구입니다.

많은 직장인들이 "정리가 되면 쓰겠다"라고 말하지만 실제로는 반대입니다. 쓰면서 정리가 됩니다. 정리하려고 쓰는 것입니다. 경험을 해석하지 않으면 그 경험은 그냥 지나갑니다. 하지만 글로 옮기는 순간 그 경험은 의미를 갖습니다. 보통 사람의 삶이 책이 되는 순간은 언제일까요?

- **특별한 성공을 했을 때가 아닙니다.**
- **인생이 바뀌는 사건이 생겼을 때도 아닙니다.**

자기 경험을 자기 언어로 설명할 수 있게 되었을 때라고 생각합니다. 그 설명이 누군가에게는

- 방향이 되고
- 위로가 되고
- 용기가 되고
- 참고서가 됩니다.

그리고 그 순간, 독자님께서의 평범한 삶은 더 이상 평범하지 않습니다. 독자님께도 이미 충분한 경험이 있습니다. 독자님께서 지금까지 살아온 시간은 그 자체로 이미 충분합니다. 부족한 것은 경험이 아니라 그 경험을 바라보는 시선과 말로 옮기는 연습입니다. 이 장을 덮고 나면 이 질문을 스스로에게 던져보도록 합시다.

"내 인생에 무슨 일이 있었지?"가 아니라
"나는 내 삶을 어떻게 해석해 왔지?"

그 질문에 답하기 시작하는 순간 독자님께서는 이미 책을 쓰기 위한 글을 쓸 준비가 되어 있는 사람입니다.

02

평범함은 오히려 특별하다

"그래도, 제 이야기가 누군가에게 도움이 될까요?"

경험을 "해석"의 관점으로 보라는 이야기를 하면 대부분의 직장인들은 고개를 끄덕이면서도 마지막에 이 질문을 덧붙이곤 합니다.

"너무 평범하지 않나요?"

이 질문 속에는 책을 쓰지 못하게 만드는 또 하나의 장벽이 숨어 있습니다. 바로 콘텐츠는 특별해야 한다는 생각입니다. 우리는 콘텐츠를 이렇게 오해합니다.

- 남들과 달라야 하고
- 전문가 수준이어야 하고
- 이미 검증된 성과가 있어야 하고
- 한눈에 "와" 소리가 나야 한다고.

그래서 평범함은 시작하기도 전에 탈락하곤 합니다. 하지만 실제로 콘텐츠가 만들어지고 소비되는 구조는 우리가 생각하는 것과 전혀 다릅니다.

콘텐츠는 "특별함"보다 "구조"에서 탄생합니다.
많은 직장인들이 자신의 삶을 떠올리며 이렇게 말합니다.

"제 일상은 정말 평범해요."
"다들 비슷하게 살잖아요."

이 말은 사실입니다. 대부분의 직장인 삶은 비슷합니다.

- 출근하고
- 일하고
- 회의하고

- 스트레스 받고

- 퇴근합니다.

그런데도 우리는 누군가의 글을 읽으며 이런 생각을 합니다.

"이건 내 이야기 같은데?"
"어떻게 이런 것을 글로 쓸 생각을 했지?"
차이는 삶의 내용이 아니라 그 삶을 배열하는 방식, 즉 구조에
있습니다.

평범함이 콘텐츠가 되는 공식을 알면 좋습니다.
평범한 경험이 콘텐츠가 되는 데에는 반복해서 등장하는 구조
가 있습니다. 아주 단순하게 정리하면 다음과 같습니다.

1. 상황 – 누구나 겪을 법한 장면

2. 문제 – 그 상황에서 느끼는 불편함이나 질문

3. 해석 – 왜 그렇게 느꼈는지에 대한 개인적 분석

4. 전환 – 생각이 바뀌거나 행동이 달라진 지점

5. 메시지 – 독자에게 건네는 한 문장

이 다섯 가지가 갖춰지는 순간 아무리 평범한 하루도 콘텐츠
가 됩니다. 중요한 것은 이 중 어느 하나도 "대단한 사건"을 요
구하지 않는다는 점입니다.

평범한 상황은 오히려 독자의 진입 장벽을 낮춥니다.
콘텐츠의 가장 큰 적은 "공감 불가"입니다. 너무 특별한 이야
기는 독자에게 이렇게 느껴질 수 있습니다. "저 사람은 원래
다른 세계 사람이라서 가능한 거야." 반면 평범한 상황은 독자
를 바로 이야기 안으로 끌어들입니다.

- 나도 겪어봤고
- 나도 비슷했고
- 나도 그런 비슷한 생각을 했던 순간

이때 독자는 "읽는 사람"이 아니라 "참여자"가 됩니다. 그래서
보통 사람의 이야기는 잘 구조만 잡히면 전문가의 이야기보다
더 강한 흡입력을 갖습니다.

"정보"가 아니라 "맥락"을 제공할 때 콘텐츠가 됩니다.
많은 직장인들은 자신이 전문가가 아니기 때문에 쓸 게 없다

고 생각합니다. 하지만 책에서 중요한 것은 전문적인 정보의
양이 아니라 그 정보가 등장하게 된 맥락입니다.

예를 들어,

- "보고서는 이렇게 써야 합니다."라는 정보보다
- "왜 나는 보고서를 쓸 때마다 막혔는지"라는 맥락

독자들은 정답보다 과정을 통해 배우고 싶어 합니다. 그리고
그 과정은 대부분의 직장인이 이미 수없이 겪어온 평범한 시
행착오 속에 있습니다.

평범함은 "연결"을 만들어 냅니다.
콘텐츠의 역할은 사람과 사람을 연결하는 것입니다. 그 연결
은 "대단해서" 생기지 않습니다. "비슷해서" 생깁니다.

- 나도 그런 고민을 했고
- 나도 그 지점에서 막혔고
- 나도 그런 선택을 했다는 느낌

이 연결감이 생기는 순간 독자들은 글쓴이를 "가르치는 사람"
이 아니라 "먼저 겪어 본 사람"으로 인식합니다. 이때 평범함
은 약점이 아니라 가장 강력한 자산이 됩니다.

평범한 사람만이 설명할 수 있는 지점이 있기 마련입니다.
어떤 주제는 너무 잘하는 사람보다 조금 헤맸던 사람이 더 잘
설명합니다.

- **이제 막 익숙해진 사람**
- **시행착오를 최근에 겪은 사람**
- **아직도 완벽하지 않은 사람**

이들은 처음 막혔던 지점을 기억하고, 왜 헷갈렸는지를 알고,
어떤 말이 와닿지 않았는지도 알고 있습니다. 그래서 평범한
직장인의 설명은 현실적이고 구체적입니다. 이것이 바로 보통
사람의 콘텐츠가 실제로 더 오래 읽히는 이유입니다.

콘텐츠는 "나보다 아래"를 위한 것이 아니다.
많은 사람들이 이렇게 오해합니다.

"제가 쓰면 저보다 못한 사람에게만 도움이 되지 않을까요?"

콘텐츠는 위아래의 문제가 아닙니다. "한 발 앞"의 문제입니다.

* **나보다 한 발 앞서 있는 사람의 경험**
* **내가 어제 고민하던 걸 오늘 정리한 사람의 생각**

이 거리감이 가장 자연스럽고 가장 설득력 있습니다. 그래서 직장인의 책은 대가의 조언보다 동료의 정리가 더 큰 힘을 가집니다.

평범함을 콘텐츠로 바꾸는 질문들을 놓치지 마세요.
평범한 일상을 콘텐츠로 전환하고 싶다면 이런 질문을 던져보도록 합시다.

* 이건 왜 나에게 유독 힘들었을까?
* 다들 아무렇지 않게 넘기는데 나는 왜 문제 삼았을까?
* 그때의 나는 무엇을 몰랐을까?
* 지금의 나는 그때의 나에게 뭐라고 말해 주고 싶을까?

이 질문에 대한 답은 어디에도 없는 독자님만의 콘텐츠가 됩니다. 왜냐하면 그 질문을 그 상황에서 그 감정으로 던진 사람은 독자님뿐이기 때문입니다.

책은 평범함을 "정리된 형태"로 제공하는 매체입니다.
책은 자극적인 콘텐츠와 경쟁하지 않습니다. 책은

- **깊이**
- **맥락**
- **누적된 생각**

으로 읽힙니다.

그래서 평범한 경험도 흩어져 있을 때는 보이지 않지만 정리된 형태로 모이면 하나의 관점이 됩니다. 책 한 권은 "특별한 인생"의 증명이 아니라 "일관된 시선"의 결과물입니다.

보통 사람의 삶이 가장 필요한 시대입니다.
우리는 성공담이 넘쳐나는 시대에 살고 있습니다. 그래서 오히려 실패와 고민과 망설임이 정리된 콘텐츠는 더 귀해졌습니다. 보통 사람의 삶은 쓸 것이 없는 것이 아니라 아직 구조화 되지 않았을 뿐입니다. 그 구조를 만드는 사람이 바로 책을 쓰 는 사람입니다.

평범함을 의심하지 말고, 구조를 의심해야 합니다.
만약 지금도 "내 삶은 너무 평범해"라는 생각이 든다면 이렇 게 바꿔 봅시다. "내 삶이 아니라 아직 구조를 못 찾은 것 아닐 까?"라고.

책 쓰기는 특별한 사람이 되는 과정이 아니라 평범한 삶을 의미 있는 흐름으로 엮는 작업입니다. 그리고 그 작업은 이미 충분 한 재료를 가진 일반 직장인에게 가장 잘 어울리는 일입니다.

독자님의 삶이 평범해서 책이 안 되는 것이 아닙니다. 아직 구 조로 묶이지 않았을 뿐입니다. 그 구조를 만드는 순간, 독자님 의 평범함은 누군가에게 꼭 필요한 콘텐츠가 될 것입니다.

03

독자는 '위인'이 아니라
'옆 사람'을 원한다

책을 쓰고 싶다는 마음을 가진 대부분의 직장인은 같은 질문 앞에서 멈춥니다.

"내가 책을 쓸 만한 사람이 맞을까?"
"이 정도 경험으로 책을 써도 될까?"
"유명하지도, 성공하지도 않았는데 누가 내 글을 읽어 줄까?"

이 질문 속에는 공통된 전제가 숨어 있습니다. 책은 대단한 사람이 써야 한다는 믿음, 그리고 독자는 대단한 사람의 이야기를 원한다는 오해입니다.

하지만 출판 현장에서, 그리고 실제 독자님들의 반응을 살펴

보면 이 전제는 생각보다 쉽게 무너집니다. 오늘날 독자님들께서 가장 많이 찾는 책의 저자는 "위인"이 아니라, 나와 비슷한 삶을 사는 "옆 사람"입니다.

우리는 왜 위인의 이야기에 점점 지칠까요?
한때는 위대한 인물의 성공담이 베스트셀러를 장식했습니다. 재벌 회장의 경영 철학, 세계적인 CEO의 리더십, 천재 투자자의 성공 공식같은 책들 말입니다. 그러나 독자분들께서는 점점 이런 책에서 멀어지고 있습니다. 이유는 단순합니다. 따라할 수 없기 때문입니다.

- **태어날 때부터 환경이 다르고**
- **시작점이 다르고**
- **실패했을 때 감당할 수 있는 리스크도 다릅니다.**

독자는 책을 읽으며 무의식적으로 질문합니다.

"이것을 내가 해 볼 수 있을까?"
"내 삶에 적용 가능할까?"

위인의 이야기는 감탄을 주지만, 실천을 주지 못하는 경우가
많습니다. 읽는 순간에는 고개를 끄덕이지만, 책을 덮는 순간
다시 일상으로 돌아옵니다. 반면 독자들이 진짜 원하는 것은
이런 것이라고 생각합니다.

- **나와 비슷한 연봉**
- **나와 비슷한 직급**
- **나와 비슷한 고민**
- **나와 비슷한 실패**

그리고 그 사람이 어떻게 버텼는지, 어떻게 선택했는지, 어디
서 흔들렸는지입니다.

독자는 "완성된 답"보다 "과정 중인 이야기"를 원합니다.
많은 예비 저자들께서 이런 말을 합니다.

"아직 성공하지 못해서요."
"결론이 나지 않았어요."
"좀 더 잘된 다음에 쓰려구요."

하지만 독자들의 입장은 다릅니다. 독자들은 이미 성공한 사람보다 지금 고민 중인 사람의 기록에 더 귀를 기울입니다. 왜냐하면 독자 자신도 아직 과정 중이기 때문입니다.

- 이직을 고민하지만 확신은 없고
- 부업을 시작했지만 성과는 미미하고
- 글을 쓰고 싶지만 매번 포기하는 중입니다.

이때, 독자들에게 위인들의 확신에 찬 조언은 오히려 멀게 느껴집니다. 반면, 이런 문장들은 마음을 붙잡습니다.

"저도 이 부분에서 세 번이나 포기했습니다."
"이 선택이 맞는지 아직도 헷갈립니다."
"지금 이 글을 쓰는 이유도 사실 잘 모르겠습니다."

독자들은 답을 원하는 것이 아닙니다. 같이 걸어가는 사람을 원합니다.

"옆 사람의 이야기"가 주는 현실적인 힘은 강합니다.
직장인의 책 쓰기가 가진 가장 큰 무기는 화려한 성공이 아니라 현실성입니다.

- 출근길 지하철에서 느낀 감정
- 상사에게 받은 한 마디로 하루를 망친 경험
- 퇴근 후 노트북을 켰다가 10분 만에 덮은 저녁
- 가족에게 이해받지 못한 채 혼자 고민한 시간

이런 장면은 위인의 자서전에는 거의 나오지 않습니다. 하지만 대부분의 독자들은 이 장면 속에 살고 있습니다. 그래서 보통 사람의 이야기는 읽는 순간 이렇게 바뀝니다.

"대단하네." → "나도 그렇다."
"저 사람은 다르지" → "나만 그런 것이 아니었구나."

책을 읽으며 고개를 끄덕이게 만드는 힘은, 놀라움이 아니라 공감입니다.

독자님의 평범함은 결핍이 아니라 조건입니다. 책을 쓰지 못하는 직장인들은 자신의 평범함을 약점으로 생각합니다. 하지만 실제로는 그 평범함이 책을 쓰기 위해 가장 중요한 조건입니다.

- 특별하지 않기 때문에 설명할 수 있고
- 천재가 아니기 때문에 시행착오가 있고
- 완벽하지 않기 때문에 감정이 남아 있습니다.

위인은 결과만 이야기합니다. 하지만, 옆 사람은 과정을 말합니다. 독자는 결과보다 과정을 더 오래 기억합니다.

독자가 책에서 찾은 단 하나의 질문은 무엇일까요?
독자가 책을 집어 드는 이유는 단순합니다.

"이 사람의 이야기가 내 삶에 어떤 도움이 될까?"

이 도움은 꼭 실용적인 팁일 필요는 없습니다.

- 위로가 될 수도 있고
- 용기가 될 수도 있고
- "나만 이상한 게 아니구나"라는 확인일 수도 있습니다.

여러분의 책이 독자들에게 줄 수 있는 가장 큰 가치는 이것일
겁니다.

"당신만 그런 것이 아닙니다."

이 문장을 진심으로 쓸 수 있는 사람은 이미 성공한 위인이 아
니라, 오늘도 출근하는 독자님입니다.

책은 "가르치는 사람"이 아니라 "먼저 겪은 사람"이 쓰는 것입
니다.
많은 직장인들이 책 쓰기를 멈추는 이유는 스스로를 "가르칠
자격이 없는 사람"으로 보기 때문입니다. 하지만 책은 가르치
는 사람이 쓰는 것이 아닙니다. 조금 먼저 겪은 사람이 쓰는
것입니다.

- 1년 먼저 이직해 본 사람
- 반년 먼저 부업을 시작해 본 사람
- 몇 달 먼저 글쓰기를 시도해 본 사람

이 차이면 충분합니다.

독자는 전문가를 찾는 것이 아니라, 미리 다녀온 사람의 지도를 찾습니다. 독자님들의 이야기를 가장 기다리는 사람은 누구인가요? 독자님들의 책을 가장 기다리는 사람은 독자님들보다 한두 발짝 뒤에 있는 사람들일 것입니다.

- **지금도 퇴사를 검색하는 사람**
- **매번 새해 목표로 "글쓰기, 책 쓰기"를 적는 사람**
- **회사 밖에서의 정체성을 고민하는 사람**

그 사람에게 독자님께서는 위인이 아닙니다. 하지만, 현실적인 모델입니다. 그리고 책은 그 역할이면 충분합니다. 그래서, 독자님께서는 이미 책을 쓸 자격이 있습니다. 독자님께서 아직 책을 쓰지 못한 이유는 쓸 이야기가 없어서가 아닙니다. 독자님의 이야기를 하찮게 여겼기 때문입니다.

하지만 독자들은 더 이상 완벽한 인생을 원하지 않습니다. 조금 부족해도, 조금 흔들려도 진짜 삶의 기록을 원합니다. 독자님들의 출근과 퇴근, 고민과 포기, 다시 시작의 반복은 이미 한 권의 책이 될 준비를 마쳤습니다.

이제 필요한 것은 단 하나입니다. 위인이 되기를 포기하고, 옆
사람이 되기로 결심하는 것. 그 순간, 독자님은 이미 작가님이
되어 있을 것이며, 그 책은 이미 시작되었을 것입니다.

2부

보통 사람의 책 쓰기 시스템

WRITE A BOOK ONCE IN YOUR LIFE!

4장

하루 30분, 현실적인 집필 시스템

01

작가의 하루 vs
보통 사람의 하루

하루 30분이 왜 가장 현실적인 집필 시스템인가?

책을 쓰고 싶다고 말하는 직장인들은 많습니다. 하지만 실제로 글을 쓰는 사람은 극히 적습니다. 그 차이를 만드는 가장 흔한 이유는 재능도, 의지도 아닙니다. 대부분의 경우 단 하나의 이유로 귀결됩니다.

"시간이 없어서요."

이 말은 틀리지 않습니다. 보통 사람들에게는 책을 위한 글쓰기를 할 시간이 없습니다. 문제는 우리가 "시간이 없는 상태에서 글을 쓰는 방법"을 배우지 못했다는 것에 있습니다.

우리가 상상하는 "작가의 하루"는 어떤가요? 책을 쓰기로 마음먹은 순간, 많은 직장인들은 무의식적으로 한 장면을 떠올릴 것 같습니다.

- 아침 햇살이 들어오는 조용한 서재
- 커피 한 잔을 옆에 두고
- 방해받지 않는 몇 시간의 몰입
- 노트북 앞에 앉아 술술 써 내려가는 문장들

이 장면 속의 작가님은 대개 시간이 충분한 사람입니다. 전업 작가님이거나, 최소한 생계와 집필이 분리된 사람일 것입니다. 문제는 이 상상이 기준이 되어버린다는 점입니다. 그래서 보통 사람들은 이렇게 결론 내립니다.

"지금 내 삶에서는 불가능이야."
"시간이 생기면 그때 써야지."
"지금은 때가 아니야."
"본업이 부업보다 중요해."

하지만 여기서 중요한 사실 하나를 놓치게 됩니다. 이 기준 자체가 애초에 잘못되었다는 것입니다. 보통 사람의 하루는 이미 포화상태입니다. 보통 직장인의 하루를 현실적으로 펼쳐봅시다.

- 출근 준비와 이동
- 업무 시간
- 회의, 보고, 눈치
- 퇴근길의 피로
- 집안일 혹은 가족의 역할
- 휴식이라는 이름의 멍한 시간

이 하루에 "집필을 위한 3시간"을 끼워 넣는 것은 거의 불가능합니다. 그리고 솔직히 말하면, 그것은 게으름의 문제가 아닙니다. 구조의 문제입니다. 보통 사람의 하루는 이미 에너지까지 포함해 완전히 배분된 상태입니다. 여기에 작가의 하루를 그대로 덧씌우려는 시도 자체가 실패의 시작입니다.

작가는 다르게 사는 사람이 아니라, 다르게 쌓는 사람입니다. 많은 사람들이 오해합니다. 작가님들은 우리와 전혀 다른 하루를 산다고. 하지만 현실은 다릅니다. 대부분의 작가님들은 처음부터 작가님이 아니었습니다. 그들도 한때는 출근했고, 피곤했고, 시간이 없었을 것입니다.

차이는 단 하나입니다. 시간을 "확보"하려고 하지 않고, "쌓았다"라는 것.

- **한 번에 글을 많이 쓰지 않았습니다.**
- **완벽한 시간을 기다리지 않았습니다.**
- **짧아도 매일 같은 리듬을 만들었습니다.**

이 리듬의 최소 단위가 바로 하루 30분입니다. 왜 하필 30분인가. 하루 30분은 애매해 보입니다. 적어 보이고, 큰 성과가 나올 것 같지도 않습니다. 하지만 이 30분에는 중요한 특성이 있습니다.

1. **현실적으로 지금 당장 확보가 가능합니다.**
2. **집중력이 버틸 수 있습니다.**
3. **죄책감 없이 지금 바로 시작할 수 있습니다.**

보통 사람에게 가장 치명적인 적은 피로와 부담감입니다. "오늘은 최소 한 시간은 써야지"라는 생각이 "아, 오늘은 너무 늦었네. 내일 쓰자"로 바뀌는 데에는 3초도 걸리지 않습니다. 30분은 미루기엔 짧고, 시작하기엔 덜 무겁습니다.

작가의 하루는 "비워진 하루"가 아닙니다. 우리는 작가의 하루를 "글쓰기만 하는 하루"로 오해합니다. 하지만 실제 작가님들의 하루를 보면 의외로 평범합니다.

- **산책**
- **독서**
- **메모**
- **쉬는 시간**
- **생각하는 시간**

이 모든 것이 집필의 일부입니다. 반면 보통 사람은 이렇게 생각합니다. "앉아서 글을 쓰지 않으면 아무것도 안 한 거야." 이 생각이 글쓰기를 더 어렵게 만듭니다.

보통 사람의 하루에는 이미 충분한 재료가 있습니다. 다만 그것을 글로 옮기는 시간이 없을 뿐입니다. 30분 집필은 하루를 바꾸는 것이 아니라, 하루에 뚜껑을 하나 여는 행위에 가깝습니다.

보통 사람의 집필은 "삶을 줄이는 일"이 아닙니다. 책을 쓰겠다고 하면 주변에서 이런 말을 듣습니다.

"그렇게 바쁜데 언제 써?"
"좀 쉬어야지."
"지금은 현실적으로 무리야."

그래서 많은 직장인들은 책 집필을 삶을 깎아내는 일처럼 느낍니다. 하지만 하루 30분 집필은 삶을 줄이는 일이 아니라 삶을 정리하는 시간입니다.

- **하루를 돌아보는 시간**
- **감정을 언어로 정리하는 시간**
- **생각을 밖으로 꺼내는 시간**

이 30분이 쌓이면, 삶은 더 버거워지기보다 오히려 더 가벼워집니다. "작가님처럼 살기"보다 "보통 사람답게 쓰기". 보통 사람에게 필요한 건 작가님처럼 사는 법이 아닙니다.
보통 사람답게 쓰는 법입니다.

- **피곤한 상태에서 쓰는 글**
- **완벽하지 않은 문장**
- **중간에 끊긴 생각**

이 모든 것이 실패가 아니라 현실적인 재료입니다. 책은 깔끔한 하루에서 나오지 않습니다.
책은 엉킨 하루를 정리한 흔적에서 나옵니다. 하루 30분이 만드는 장기적인 변화, 하루 30분은 작아 보이지만, 숫자로 보면 다릅니다.

- 하루 30분 x 30일 = 15시간
- 하루 30분 x 6개월 = 90시간
- 하루 30분 x 1년 = 180시간

180시간이면 한 권의 책을 쓰고도 남는 시간입니다. 문제는 시간의 총량이 아니라 매일 다시 시작할 수 있느냐는 것입니다. 그래서, 작가의 하루를 버려야 책이 시작됩니다. 일반인들이 책을 쓰지 못하게 막는 가장 큰 적은 시간 부족이 아닙니다. 비현실적인 기준입니다.

- **작가님처럼 써야 한다는 기준**
- **길게 써야 한다는 기준**
- **완벽해야 한다는 기준**

이 기준을 내려놓는 순간, 보통 사람의 하루는 집필이 가능한 하루로 바뀝니다. 독자님의 하루는 이미 충분합니다. 독자님의 하루는 부족하지 않습니다. 이미 너무 많은 것을 하고 있을 뿐입니다.

이제 그 하루에서 딱 30분만 떼어내면 됩니다. 작가의 하루를 꿈꾸지 말고, 보통 사람의 하루 30분을 믿으세요. 그 하루가 쌓이면, 어느 순간 독자님께서는 이렇게 말하게 될 것입니다. "나는 시간이 생겨서 쓴 것이 아니라, 쓰면서 시간이 만들어졌습니다."

02

출근, 육아, 학업과
병행하는 법

가장 바쁜 사람이 가장 현실적인 작가님이 되는 법입니다.
책을 쓰지 못하는 이유를 물으면, 많은 직장인들은 이렇게 말
합니다.

"저는 출근 및 본업 때문에요."
"아이 키우느라 시간이 없어요."
"지금은 공부도 병행하고 있어서요."

이 말들은 모두 사실입니다. 그리고 이 조건들은 결코 가볍지
않습니다. 하지만 이상하게도, 실제로 책을 완성한 사람들을
보면 이 조건을 하나도 안 가진 사람보다, 오히려 더 많이 가
진 사람들이 적지 않습니다.

왜일까요?

그들을 시간이 많아서가 아니라, 시간을 다루는 방식이 달랐기 때문입니다. 병행하지 않는 사람은 없습니다. 먼저 분명히 해 둡시다. 현실에서 책을 쓰는 일반 사람 중 아무것도 병행하지 않는 사람들은 거의 없습니다.

- **본업 출근을 병행한다.**
- **생계를 병행한다.**
- **가족 역할을 병행한다.**
- **학업이나 자기계발을 병행한다.**

차이는 "병행하느냐 마느냐"가 아니라 무엇을 기준으로 병행하느냐입니다. 책을 못 쓰는 사람들은 이렇게 생각합니다.

"급한 일들 다 끝나고 나서 써야지."

책을 쓰는 사람들은 이렇게 생각합니다.

"급한 일들의 에피소드를, 글로 책으로 써야지."

이 인식의 차이가 모든 결과를 바꿉니다. 출근과 병행하는 집필의 핵심은 "에너지"입니다. 출근하는 직장인들의 가장 큰 착각은 이것입니다.

"퇴근하고 시간이 나면 써야지."

문제는 시간이 아니라 에너지입니다. 퇴근 후의 우리는 시간이 조금 있을 수는 있어도 집필에 필요한 정신적 에너지는 거의 남아 있지 않습니다. 그래서 출근과 병행하는 집필에서 중요한 것은 언제 쓰느냐가 아니라 어떤 상태에서 쓰느냐입니다.

현실적으로 가장 효과적인 시간대는 3가지입니다.

- 출근 전 20~30분
- 점심시간 중 일부
- 하루가 완전히 끝나기 직전의 10~15분의 메모

이 시간들은 길지 않습니다. 하지만 공통점이 있습니다. 아직 완전히 소진되기 전의 시간이라는 점입니다.

출근 전 30분은 하루 중 가장 "나 자신"에 가까운 시간입니다.

누구의 요구도 시작되지 않았고, 아직 하루가 나를 흔들지도 않았습니다. 이 시간에 쓰는 글은 길지 않아도 책의 중심을 잡아줍니다.

육아와 병행하는 글쓰기는 "연속성"을 버리는 것부터 시작입니다.

육아 중인 사람에게 "매일 같은 시간에 쓰세요."라는 조언은 굉장히 잔인합니다. 아이의 하루는 예측이 불가능하고, 부모의 하루는 늘 깨집니다. 그래서 육아와 병행하는 집필에서 가장 먼저 버려야 할 것은 이것입니다. 연속된 시간에 대한 집착. 육아 중의 집필은 30분을 한 번에 쓰는 것이 아니라, 5분씩 6번 쓰는 방식에 가깝습니다.

- **아이가 잠든 직후의 7분**
- **등원, 등교 후 멍하니 앉아 있는 10분**
- **잠들기 전 핸드폰을 들고 있던 8분**

이 시간에 대단한 문장을 쓰려하면 실패할 수 있습니다. 대신 해야 할 일들은 단순합니다.

- 오늘 하루 느낀 감정 한 줄

- 오늘 있었던 장면 하나

- 오늘 가장 지쳤던 순간 메모

육아와 병행하는 집필은 "집중"이 아니라 "수집"입니다.

육아 중인 사람이 쓸 수 있는 가장 강력한 글은 과연 무엇일까요? 육아 중인 사람은 종종 이렇게 말합니다.

"지금은 제 이야기를 쓸 여유가 없어서요."

하지만 역설적으로, 이 시기의 기록은 시간이 지나면 절대 다시 쓸 수 없습니다.

- 감정이 날 것일 때

- 여유가 없을 때

- 나 자신이 가장 뒤로 밀려 있을 때

이때의 글은 정제되지 않았지만 그만큼 진짜입니다. 독자들은 완벽한 부모님의 이야기를 원하지 않습니다. 흔들리는 사람의 솔직한 기록을 원합니다.

학업과 병행하는 집필은 "겹치는 지점"을 찾는 것입니다.
학업과 집필을 병행하는 사람들은 자주 이렇게 생각합니다.

"공부도 벅찬데, 글까지 쓰면 분산되지 않을까?"

하지만 방향을 바꾸면 이야기가 달라집니다. 학업과 집필은
경쟁 관계가 아니라 확장 관계가 될 수 있습니다.

- 공부하며 정리한 개념을 글로 풀어 쓰기
- 이해되지 않는 부분을 독자에게 설명하듯 써 보기
- 학습 과정에서 느낀 혼란과 깨달음을 기록하기

이 글들은 나중에 있는 그대로 책의 한 장이 됩니다. 공부와
글쓰기를 분리하려 할수록 둘 다 버거워지고, 겹치게 만들수
록 오히려 효율이 올라갑니다.

병행의 핵심은 "우선순위"가 아니라 "형태"입니다. 많은 사람
들이 말합니다.

"우선 순위를 정해야 합니다."

하지만 현실에서는 출근, 육아, 학업 중 어느 하나도 쉽게 내려놓을 수 없습니다. 그래서 필요한 건 우선순위가 아니라 형태의 조정입니다.

- 길게 쓰는 글 → 짧은 메모
- 완성도 높은 문장 → 초안
- 한 번에 한 챕터 → 하루 한 단락

형태를 바꾸면, 같은 삶 안에서도 글은 들어갈 자리를 찾습니다.

바쁜 사람들의 글들이 더 오래 살아남는 법입니다.
아이러니하게도, 가장 바쁜 사람들의 글이 가장 오래 읽힙니다. 왜냐하면 그 글에는 시간이 없는 사람의 진짜 고민이 담겨 있기 때문입니다.

- 시간 관리 이론이 아니라
- 현실적인 포기와 선택

• **잘 안 되는 날의 기록**

이것은 책에서 가장 귀한 재료입니다.

"완벽한 하루"를 기다리면, 책은 영원히 없습니다.
출근이 끝나고 육아가 안정되고 학업이 마무리되면 그때 쓰겠
다고 생각하는 순간, 책은 미래로 밀려납니다. 그리고 그 미래
는 거의 오지 않습니다.

병행하는 삶이 곧 책의 정체성임을 잊지 마세요.
독자님의 책은 출근과 육아, 학업을 방해하면서 태어난 책이
아닙니다. 그 모든 것 사이에서 태어난 책입니다. 그래서 그
책은 비슷한 삶을 사는 사람들에게 정확히 도달할 수 있습니
다. 가장 바쁜 지금이, 가장 쓸 수 있는 순간입니다. 지금 독자
님께서는 바쁘십니다. 그래서 글을 쓰기 어렵습니다.

하지만 동시에, 그래서 지금만 쓸 수 있는 이야기를 잘 알고 있
습니다. 하루 30분은 여유가 생겨서 만드는 시간이 아닙니다.
포기하지 않겠다고 결정한 사람에게만 생기는 시간입니다.

출근하면서, 아이를 키우면서, 공부를 이어가면서도 책은 쓸
수 있습니다. 아니, 그렇게 사는 사람만이 책을 끝까지 쓸 수
있습니다.

시간보다
중요한 것은 리듬

많은 직장인들이 책을 쓰지 못하는 이유로 가장 먼저 떠올리는 것은 "시간이 없다"라는 말입니다. 야근, 회식, 가족, 체력고갈. 하루를 돌아보면 책을 쓰기 위한 여유 시간은 어디에도 없는 것처럼 느껴집니다. 그래서 우리는 결론을 이렇게 내려 버립니다.

"지금은 때가 아니다."
"조금 한가해지면 써야지."
"퇴사하거나 휴직하면 그때 제대로 써야지."

하지만 놀랍게도, 실제로 책을 완성한 사람들을 만나보면 시간이 많아서 쓴 경우는 거의 없었습니다. 오히려 그들은 대부분 바쁜 직장인이었고, 아이들을 키우는 부모님이었으며, 체력도 넉넉하지 않은 평범한 사람들이었습니다.

그 차이는 무엇이었을까요? 답은 단순합니다. 시간이 아니라, 리듬이었습니다.

"시간이 생기면 쓰겠다"라는 생각이 가장 위험합니다. "시간이 생기면 쓰겠다."라는 말은 얼핏 합리적으로 들립니다. 하지만 이 말에는 치명적인 함정이 숨어 있습니다. 시간은 저절로 생기지 않는다는 사실입니다.

직장인들의 삶에서 여유 시간은 항상 더 중요한 일들에 밀립니다. 업무, 인간관계, 휴식, 예기치 못한 변수들. 설령 반나절의 여유가 생긴다 해도, 그 시간에 우리는 글을 쓰기보다는 쉬고 싶어 합니다.

그리고 이렇게 말합니다.

"오늘은 좀 쉬고, 내일부터 제대로 쓰자."

이 "내일부터"는 대부분 오지 않습니다.

책 쓰기를 미루는 가장 큰 원인은 의지가 부족해서가 아닙니다. 책 쓰기를 "특별한 시간에만 가능한 일"로 생각하기 때문입니다. 직장인에게 필요한 것은 "집중 시간"이 아닙니다. 많은 글쓰기 책들은 말합니다.

- 최소 2~3시간은 확보해야 합니다.
- 몰입이 중요합니다.
- 한 번 앉으면 길게 쓰십시오.

이 말들은 틀리지 않습니다. 하지만 일반 직장인들에게는 적용되기 힘든 이야기들입니다. 하루 2~3시간을 안정적으로 확보할 수 있는 직장인들은 많지 않습니다. 그리고 그렇게 어렵게 확보한 시간들은 오히려 일상 생활에 부담이 됩니다.

"이 정도 시간을 냈으니 잘 써야 하는데….."
"오늘은 컨디션이 별로라서 아쉽다."

결국 책상 앞에 앉아도 키보드를 두드리지 못하고, 다시 책 쓰기는 멀어집니다. 직장인에게 필요한 것은 "집중 시간"이 아니라 "반복 가능한 리듬"입니다.

하루 30분의 힘은 "양"이 아니라 "연속성"입니다. 이 책에서 계속해서 강조하고 있는 '하루 30분 집필'은 마법같은 방법이 아닙니다. 30분에 엄청난 원고가 쏟아지는 것도 아닙니다. 하루 30분의 진짜 힘은 단 하나입니다.

"오늘도 썼다"는 기록을 남긴다는 것.

하루 30분씩 매일 꾸준히 책을 쓰다 보면 글쓰기 근육이 매일 깨어 있음을 깨닫게 됩니다. 이러한 글쓰기의 리듬을 가진 사람은 글쓰기를 "이벤트"가 아니라 "생활"로 민듭니다. 글쓰기 리듬은 "언제 쓰느냐"보다 "맥락의 흐름"이 더 중요합니다. 많은 사람들이 묻습니다.

- 아침에 쓰는 것이 좋을까요?
- 밤에 쓰는 것이 좋을까요?
- 주말에 몰아서 쓰는 건 어떤가요?

정답은 없습니다. 하지만 원칙은 있습니다.

"항상 같은 시간, 같은 상황에서 쓰는가?"

아침 6시든, 출근 전 30분이든, 점심시간이든, 퇴근 후 카페든 상관없습니다. 중요한 것은 조건을 바꾸지 않는 것입니다.

- **같은 시간**
- **같은 장소**
- **같은 방식**

이 반복이 쌓이면, 뇌는 그 시간을 "글 쓰는 시간"으로 인식하기 시작합니다. 그러면 의지를 쓰지 않아도 자연스럽게 손이 키보드로 갑니다. 이 상태가 바로 리듬이 만들어진 상태입니다. 리듬이 생기면 "쓰기 싫은 날"도 쓸 수 있습니다. 책을 쓰다 보면 반드시 이런 날들이 오기 마련입니다.

- 머리가 하나도 안 돌아가는 날
- 회사 일로 지친 날
- "이게 무슨 의미가 있지"라는 생각이 드는 날

리듬이 없는 사람은 이때 멈춥니다. 그리고 멈춘 날이 하루, 이틀, 일주일이 됩니다. 하지만 리듬이 있는 사람들은 이렇게 생각합니다.

"잘 쓰는 것은 중요하지 않다. 오늘도 쓰는 것이 중요하다."

그래서 이런 날에는 목표를 낮춥니다.

- 단 한 문단만 써도 됩니다.
- 정리 안 된 생각들을 적어도 괜찮습니다.
- 심지어 "오늘은 글이 잘 안 써진다."라고 써도 됩니다.

이 모든 것들도 "쓴 것"이기 때문입니나.

리듬을 만드는 가장 현실적인 방법은 무엇일까요?
리듬은 의지로 만들기 힘듭니다. 환경과 규칙으로 만들어야 합니다.

다음 3가지를 정해 보도록 합시다.

1) 고정 시간
- 하루 중 가장 덜 흔들리는 시간

2) 고정 분량 또는 고정 시간
- 500자 또는 30분

3) 고정 시작 행동
- 노트 열기, 파일 열기, 특정 음악 재생

이 3가지만 정해도 글쓰기는 훨씬 쉬워집니다.

직장인의 책 쓰기는 "속도전"이 아닙니다. 일반 직장인들의 책 쓰기는 느립니다. 그리고 느려도 괜찮습니다. 중요한 것은 중간에 그만두지 않는 것입니다. 빠르게 쓰는 사람보다, 천천히라도 끝까지 글을 쓰는 사람이 책을 냅니다. 리듬은 독자님을 작가님으로 입장을 변화시켜 주게 만듭니다.

오늘의 30분이 내일의 작가님을 만듭니다. 책을 쓴다는 것은 거창한 결심이 아닙니다.

오늘도 30분, 어제와 같은 자리에서 같은 방식으로 앉는 것입니다. 보통의 직장인들 중에서는 시간이 부족해서 책을 못 쓰는 사람은 없습니다. 리듬이 없는 사람만 있을 뿐입니다.

오늘 당장 30분 동안 글을 써 봅시다. 내일도 같은 시간에 씁
시다. 그것이 일반 직장인이 책을 쓰는 가장 현실적인 방법입
니다.

5장

글을 잘 쓰는
법은 잊어라

01

처음부터 잘 쓰는
사람은 없다

책을 쓰고 싶다고 말하면, 많은 직장인들이 가장 먼저 이렇게
이야기합니다.

"저는 글을 잘 못 써서요."
"저는 문과가 아니라서요."
"말로는 잘 설명하는데, 글로 쓰면 엉망이에요."

이 말들은 거의 자동 반사처럼 튀어나옵니다. 마치 책을 쓰지
않아도 되는 충분한 이유들을 이미 준비해 둔 것처럼 말입니
다. 그리고 그 결론은 늘 같습니다.

"그래서 저는 책 쓰기는 무리인 것 같아요."

하지만 이 문장에는 아주 중요한 전제가 하나 빠져 있습니다. 책을 쓰는 사람들은 처음부터 글을 잘 쓴다는 전제입니다. 이 전제는 사실이 아닙니다. 오히려 완전히 반대에 가깝습니다.

처음부터 잘 쓰는 사람은 정말로 없습니다. 우리가 "글을 잘 쓴다."라고 떠올리는 사람들, 작가나 칼럼니스트, 유명 저자들의 첫 원고를 실제로 본다면 아마도 적잖이 놀랄 것입니다. 문장이 어색하고, 흐름이 끊기고, 지금의 글과는 전혀 다른 모습일 가능성이 높습니다.

그런데 우리는 그들의 결과물만 봅니다. 책으로 다듬어진 문장, 여러 번 수정된 원고, 편집자의 손을 거친 최종본만 접합니다. 그리고 착각합니다.

"이 사람은 원래부터 글을 잘 썼을 거야."

하지만 글은 타고나는 재능이 아니라, 쓰면서 만들어지는 기술입니다. 더 정확히 말하면, 못 쓴 글을 수없이 써 본 사람만이 잘 쓰는 단계에 도달합니다.

처음부터 잘 쓰는 사람은 없습니다. 처음부터 그냥 글을 쓰는 사람만 있을 뿐입니다.

"글을 잘 쓰고 싶어서" 쓰지 못하는 사람들이 많습니다. 아이러니하게도, 책을 쓰지 못하게 만드는 가장 큰 이유는 글을 잘 쓰고 싶다는 욕심입니다.

- 처음부터 괜찮은 문장을 쓰고 싶고
- 남에게 보여도 부끄럽지 않은 글을 쓰고 싶고
- 최소한 "이게 뭐야"라는 말은 듣고 싶지 않다.

이 마음은 너무나도 자연스럽습니다. 하지만 이 욕심이 글쓰기의 시작을 가로막습니다. 그래서 우리는 이렇게 됩니다.

- 첫 문장을 몇 번이나 지웠다 쓰고
- 한 단락을 쓰는 데 30분을 쓰고
- 결국 저장하지 않고 파일을 닫는다.

그리고 말합니다.

"역시 나는 글쓰기는 아닌가 봐."

사실 문제는 글 솜씨가 아닙니다. 출발선에서 결승선을 그려 놓고 달리려 한 것이 문제입니다.

책 쓰기에서 "잘 쓴다"라는 말의 오해를 알아야 합니다.
많은 직장인들이 생각하는 "잘 쓴 글"은 대체로 이렇습니다.

- **문장이 유려해야 한다.**
- **표현이 세련돼야 한다.**
- **감동이나 깨달음이 있어야 한다.**

하지만 책, 특히 일반 직장인들의 책에서 가장 중요한 것은 이 것이 아닙니다.

전달이 잘 되는가?
공감이 되는가?
진짜 경험인가?

이 3가지가 문장의 화려함보다 훨씬 중요합니다.

책을 읽는 독자님들은 국어 선생님이 아닙니다. 그들은 완벽한 문장을 찾지 않습니다. "아, 이거 내 이야기다."라는 느낌을 찾습니다. 초고는 원래 엉망이어야 합니다. 책 쓰기의 가장 중요한 원칙이 있습니다. 바로 '초고는 엉망이어야 정상'이라는 말입니다. 그런데 많은 직장인들은 초고를 완성본처럼 쓰려고 합니다. 그래서 한 페이지도 못 넘깁니다. 초고의 목적은 단 하나입니다.

"있던 생각을 종이에 옮기는 것."

* 문장이 어색해도 괜찮다.
* 중복돼도 괜찮다.
* 논리가 완벽하지 않아도 괜찮다.

고칠 수 없는 글은 없습니다. 하지만 없는 글을 고칠 수는 없습니다.

"못 쓰는 나"를 통과해야 "쓰는 나"가 됩니다.
책을 쓰는 과정은 불편합니다.
특히 초반에는 더 그렇습니다.

- 내가 쓴 글이 유치해 보이고
- 다른 사람과 비교하게 되고
- 괜히 시작했나 싶은 생각이 듭니다.

하지만 이 구간은 누구나 지나갑니다. 이 구간을 통과하지 않고 책을 쓴 사람은 드뭅니다. 중요한 것은 단 한 가지입니다. 못 쓰는 나를 부정하지 않는 것. 그런 생각을 지속하는 사람만이 계속해서 글을 쓸 수 있습니다. 글을 잘 쓰는 법은, 지금은 잊어도 됩니다.

- 대신 오늘 한 페이지를 쓰고
- 대신 서툰 문장을 남기고
- 대신 끝까지 글을 쓰겠다고 결심하라

글은 나중에 좋아집니다. 처음부터 글을 잘 쓰는 사람은 드뭅니다. 처음부터 그냥 글을 쓰는 사람만 존재합니다. 그리고 독자님께서는 이미, 그 출발선상에 서 있습니다.

02

초고는 내 맘대로!

책을 쓰겠다고 마음먹고 노트북을 열었을 때, 가장 먼저 우리를 멈춰 세우는 것은 무엇일까요? 시간 부족도 아니고, 소재 부족도 아닙니다. 바로 "이렇게 글을 써도 되나?"라는 생각입니다.

- 이 문장은 너무 유치한 것 같고
- 이 이야기를 내가 해도 되는지 모르겠고
- 구조가 엉망인 것 같고
- 혹시 누가 보면 웃지 않을까 걱정된다.

그래서 우리는 계속 글을 고치게 됩니다. 지우고, 다듬고, 다시 쓰고, 또 지웁니다. 그런데 이상합니다. 분명 시간을 쓰고 있는데, 원고는 늘지 않습니다. 이유는 한 가지입니다.

초고를 "내 맘대로" 쓰지 못하고 있기 때문입니다.

대부분의 사람들은 초고를 "공개 글"처럼 씁니다. 일반 직장인들이 초고를 쓸 때 가장 많이 하는 실수는, 아직 아무도 보지 않을 글을 이미 평가받는 글처럼 쓰는 것입니다. 머릿속에는 늘 가상의 독자가 있습니다.

- "이건 너무 평범한 얘기 아닌가?"
- "이 정도 내용으로 책을 내도 되나?"
- "작가처럼 써야 하지 않을까?"

그래서 초고부터 이런 기준을 들이댑니다.

- 문장은 매끄러워야 하고
- 논리는 완벽해야 하고
- 앞뒤 맥락도 맞아야 하고
- 메시지도 분명해야 합니다.

하지만 이 기준은 초고의 기준이 아닙니다. 이것은 완성본의 기준입니다. 초고 단계에서 이 기준을 적용하면, 글은 거의 나오지 않습니다. 초고의 목적은 "잘 쓰기"가 아니라 "다 쓰기"입니다. 초고의 역할은 분명합니다. 정리되지 않은 생각들을 전부 밖으로 꺼내는 것.

- 맞든 틀리든
- 중요한 이야기든 사소한 이야기든
- 반복되든 중복되든

지금 머릿속에 있는 재료를 모두 쏟아내는 단계입니다. 이때, 중요한 질문은 이것 하나뿐입니다.

"이 문장이 좋은가?" X
"이 생각이 나에게 있는가?" O

초고는 창작의 단계가 아니라, 채집의 단계에 가깝습니다. 좋은 재료와 나쁜 재료를 가리는 일은 나중에 해도 됩니다. "내 맘대로" 써야 나중에 고칠 수 있습니다. 많은 직장인들이 이렇게 말합니다.

"나중에 고치려면 처음부터 어느 정도는 잘 써야 하지 않나요?"

아닙니다. 나중에 고치려면, 처음에는 오히려 더 엉망이어야 합니다. 왜냐하면 고칠 수 있는 것은 오직 "글로 쓰여진 것"뿐이기 때문입니다.

- **솔직하지 않아서 안 쓴 이야기**
- **부끄러워서 뺀 경험**
- **너무 개인적이라 지운 감정**

이것들은 나중에 고치고 싶어도 고칠 수 없습니다. 애초에 없기 때문입니다. 초고는 오히려 이렇게 써야 합니다.

- **지금은 말이 안 돼도 좋습니다.**
- **이 이야기는 나만 이해해도 괜찮습니다.**
- **이 문장은 다시 안 쓸 수도 있습니다.**

이 자유가 있어야, 글이 앞으로 나아갑니다. 초고는 결국 "나를 위한 글"입니다. 책은 결국 독자를 위해 쓰는 것이 맞습니다. 하지만, 초고만큼은 예외입니다. 초고는 철저하게 나를 위한 글입니다.

- 나 스스로 생각을 정리하기 위한 글
- 내가 어떤 이야기를 하고 싶은지 알아보기 위한 글
- 내가 무엇을 중요하게 여기는지 확인하기 위한 글

이 단계에서 독자를 의식하면, 글은 얇아집니다. 반대로 나에게 집중하면, 글은 두꺼워집니다. 책은 얇은 생각을 다듬어서 만드는 것이 아니라, 두꺼운 생각을 정리해서 만드는 것입니다. 직장인의 초고는 특히 더 엉망이어야 합니다. 직장인은 평소에 "정제된 말"을 쓰는 데 익숙합니다.

- 보고서
- 기획서
- 이메일
- 메신저

이 글들은 모두 목적이 분명하고, 톤이 정리되어 있습니다. 그래서 우리는 무의식적으로 책도 그렇게 쓰려고 합니다. 하지만 책은 보고서가 아닙니다. 책에서는 오히려 이런 것들이 필요합니다.

- 생각하다가 흔들린 지점
- 확신하지 못했던 순간
- <u>스스로에게 했던 질문</u>

이것들은 정제되지 않은 상태에서 가장 잘 나옵니다. 그래서 초고는, 회사에서 쓰는 글과 최대한 멀어야 합니다.

초고를 쓰면서 가장 하지 말아야 할 행동이 있습니다.

바로 "고치기"입니다.

- 문장을 다듬느라 멈추고
- 앞 문단이 마음에 안 들어 돌아가고
- 표현이 마음에 안 들어 다시 쓰고

이 순간, 뇌는 "쓰기 모드"에서 "편집 모드"로 바뀝니다. 편집 모드로 들어간 뇌는 새로운 생각을 거의 만들어 내지 못합니다. 그래서 초고 단계에서는 규칙을 하나 정하는 것이 좋습니다. "초고에서는 뒤로 가지 않는다."

앞으로만 갑니다. 엉망이어도, 마음에 안 들어도, 표시만 해 두고 넘어갑니다.

초고를 쉽게 만드는 현실적인 방법

초고를 "내 맘대로" 쓰기 위해 도움이 되는 4가지 방법이 있습니다.

1) 말하듯이 쓰기

문어체, 작가님체를 버리고 누군가에게 이야기하듯 씁니다.

2) 완성된 문단을 목표로 하지 않기

문단이 아니라 메모를 쓴다고 생각합니다.

3) 제목 없이 쓰기

구조는 나중 문제입니다. 지금은 내용이 먼저입니다.

4) 삭제 금지 규칙

초고 단계에서는 절대 글을 삭제하지 않습니다. 마음에 안 들면 줄만 바꿔 적습니다.

초고가 자유로울수록 책의 개성은 선명해집니다. 비슷한 주제의 책이 많은 이유는, 많은 사람들이 초고 단계부터 "정답처럼" 쓰기 때문입니다.

- 다 비슷한 말투
- 다 비슷한 구조
- 다 비슷한 메시지

하지만 독자가 기억하는 책은, 조금 서툴러도 그 사람의 말로 쓰인 책입니다. 그 개성은 초고 단계에서 나옵니다.

- 나만 겪은 상황
- 나만 했던 생각
- 나만의 표현

초고를 내 맘대로 쓰지 않으면, 이 모든 것이 사라집니다. 초고가 부끄럽다는 건, 제대로 쓰고 있다는 증거입니다. 초고를 다시 읽었을 때 이런 생각이 들면 정상입니다.

- "이걸 내가 썼다고?"

- "왜 이렇게 솔직하지?"
- "너무 날것 같은데?"

이 부끄러움은 실패의 신호가 아닙니다. 진짜 내 이야기에 가까워졌다는 신호입니다. 문제는 초고가 부끄러운 것이 아니라, 부끄럽지 않은 초고입니다. 그것은 대부분, 너무 안전하게 썼다는 뜻입니다.

초고는 통제하지 말고, 일단 통과하세요.
초고를 잘 쓰려고 하지 마세요. 초고를 예쁘게 만들려고 하지도 말아요. 초고를 남에게 보여줄 생각도 하지 말아요. 초고는 관리의 대상이 아니라, 통과의 대상입니다. 이 단계에서 해야 할 일은 단 하나.

"끝까지 쓰는 것"

초고는 내 맘대로일수록 좋습니다. 그래야 나중에 독자들을 위한 글로 바꿀 수 있습니다. 글을 잘 쓰는 방법은, 지금 이 순간에는 정말로 잊어도 됩니다. 지금 필요한 것은 단 하나입니다. 독자님의 생각을, 독자님의 방식으로, 전부 써 보는 것.

03

고쳐 쓰기는
나중의 나에게 맡겨라

책을 쓰다 보면 누구나 비슷한 지점에서 멈춥니다. 분명 쓰고
는 있는데, 속도가 나지 않습니다. 시간은 쓰고 있는데, 원고
는 늘지 않습니다. 그 이유는 대부분 비슷합니다. 쓰면서 동시
에 고치고 있기 때문입니다.

- 한 문장을 쓰고 다시 읽고
- 마음에 안 들어 고치고
- 앞 문단과 연결이 어색한 것 같아 돌아가고
- 그러다 흐름이 끊기는 레퍼토리

이 과정이 반복되면 글쓰기는 점점 힘든 일이 됩니다. 그리고
어느 순간 이렇게 말합니다.

"오늘은 컨디션이 별로라서 여기까지 해야겠다."

하지만 문제는 컨디션이 아닙니다. 역할을 동시에 하려고 했기 때문입니다. 쓰는 나와 고치는 나는 서로 다른 사람입니다. 글을 쓸 때 우리는 한 가지 사실을 잊습니다. "쓰기"와 "고치기"는 전혀 다른 작업이라는 점입니다. 쓰는 나의 역할은 단순합니다.

- **생각을 밖으로 꺼내는 것**
- **떠오르는 대로 적는 것**
- **연결이 안 돼도 앞으로 가는 것**

반면, 고치는 나의 역할은 다릅니다.

- **구조를 정리하고**
- **중복을 제거하고**
- **독자들의 관점에서 다시 읽는 것**

이 두 역할은 동시에 잘 수행될 수 없습니다. 쓰는 나에게 필요한 것은 자유이고, 고치는 나에게 필요한 것은 거리감입니다. 그런데 우리는 초고 단계부터 고치는 나를 불러냅니다. 이 순간, 쓰는 나는 위축됩니다.

왜 우리는 자꾸 쓰다가 고치게 될까.
직장인들은 특히 쓰면서 고치기를 반복합니다. 이유는 분명합니다. 우리는 평소에 "틀리면 안 되는 글"을 써왔기 때문입니다.

- **보고서는 정확해야 하고**
- **메일은 오해의 소지가 없어야 하고**
- **문장은 단정해야 합니다.**

이 습관이 책 쓰기에도 그대로 따라옵니다. 그래서 무의식적으로 말합니다.

"이 문장은 지금 고쳐야 해."
"이 표현은 나중에 문제가 될 것 같아."

하지만 책 쓰기는 업무 글쓰기와는 다릅니다. 책은 처음부터 정확할 필요가 없습니다. 오히려 부정확한 상태에서 출발해야 합니다. 고치기는 "지금의 나"가 할 일이 아닙니다. 책을 쓰는 과정에서 아주 중요한 것은 관점의 전환이 필요하다는 것입니다. 고치는 사람은 지금의 내가 아닙니다.

- **지금의 나는 내용을 쏟아내는 사람이고**
- **나중의 나는 정리하는 사람입니다.**

이 두 사람은 경험치가 다릅니다. 지금의 나는 아직 책의 전체를 모릅니다. 어디로 가는지도 확실하지 않습니다. 하지만 나중의 나는 다릅니다.

- **책의 끝을 알고 있고**
- **반복되는 주제를 알고 있고**
- **꼭 필요한 이야기와 아닌 이야기를 구분할 수 있습니다.**

고치기는 반드시 전체를 본 사람만이 할 수 있는 작업입니다.

중간에 고치기 시작하면 생기는 문제들이 있습니다.
쓰면서 고치기를 시작하면 다음과 같은 일들이 벌어집니다.

1) 속도가 급격히 느려진다.

한 문단을 쓰는 데 지나치게 많은 시간이 듭니다.

2) 생각의 흐름이 끊긴다.

막 올라오던 아이디어가 사라집니다.

3) 안전한 이야기만 남는다.

고치기 쉬운 말, 무난한 표현만 선택하게 됩니다.

4) 결국 완주하지 못한다.

지쳐서 멈추게 됩니다.

책을 완성하지 못한 사람들 대부분은 글을 못 써가 아니라 고치느라 쓰지 못한 사람들입니다. 고쳐 쓰기는 "퇴고 단계"의 일입니다. 책 쓰기에는 분명한 단계가 있습니다.

1단계 – 초고 : 생각을 전부 쏟아내는 단계
2단계 – 퇴고 : 구조와 문장을 다듬는 단계

문제는 많은 사람들이 1단계를 하면서 2단계를 같이 하려 한다는 점입니다. 퇴고는 나중에 해도 늦지 않습니다. 오히려 나중에 해야 제대로 됩니다. 초고 단계에서 해야 할 질문은 이것뿐입니다.

"이 이야기를 끝까지 써 봤는가?"

고치고 싶은 마음이 들 때 해야 하는 일이 있습니다.
쓰다 보면 당연히 이런 생각이 듭니다.

- **"이 문장은 꼭 고쳐야 할 것 같은데…".**
- **"이 부분은 다시 써야 할 것 같은데…".**

이때 이렇게 해 봅시다.

- **고치지 말고 표시만 해 두기**
- **메모로 "여기 다시 보기"라고 남기기**
- **그리고 계속 앞으로 가기**

이렇게 하면 쓰기의 흐름을 지키면서도 나중의 나에게 힌트를 줄 수 있습니다. 나중의 나는 지금의 나보다 훨씬 현명합니다.

이 말을 꼭 기억했으면 좋겠습니다. 나중의 나는, 지금의 나보다 글을 잘 씁니다. 왜냐하면 나중의 나는

- 이미 수십 페이지를 써 봤고
- 이 책에서 무엇이 중요한지 알게 되었고
- 독자의 시선으로 다시 읽을 수 있기 때문입니다.

지금의 나에게는 그 능력이 아직 없습니다. 그러니 고치기는 아직 맡기지 않도록 합시다. 고쳐 쓰기는 "두 번째 창작"입니다. 퇴고는 단순한 수정이 아닙니다. 또 하나의 창작 과정입니다. 그래서 퇴고는 집필과 분리되어야 합니다.

- 다른 날에
- 다른 마음으로
- 다른 시선으로

그래야 제대로 됩니다.

지금은 쓰는 사람으로 남는 것을 추천합니다. 고치는 사람은 미래의 나에게 넘기도록 합시다.

지금의 나에게 주는 가장 큰 배려를 만나보세요.

책을 쓰는 과정은 굉장히 깁니다. 그래서 스스로에게 배려를 할 필요가 있습니다. 지금의 나에게 가장 큰 배려는 이것입니다.

"지금은 쓰기만 해도 충분하다"라고 허락하는 것.

- **잘 쓰지 않아도 되고**
- **정리되지 않아도 되고**
- **엉망이어도 된다.**

고쳐쓰기는 반드시 필요합니다. 하지만 지금은 아닙니다. 지금의 나의 임무는 단 한 가지입니다. 계속해서 상소하지만

"끝까지 쓰는 것."

고쳐쓰기는 나중의 나에게 맡기도록 합시다. 그 사람은 지금의 나보다 훨씬 준비되어 있습니다.

6장

절대 멈추지 않는
집필의 기술

01

슬럼프의 정체

슬럼프는 재능의 문제가 아닙니다. 대부분의 사람들은 책을 쓰다 멈추면 이렇게 생각합니다.

"역시 나는 글 쓰는 사람이 아니었어."
"이 정도에서 막히는 것을 보니 재능이 없나 보다."

하지만 단언컨대, 책 쓰기 슬럼프는 재능의 문제가 아닙니다. 슬럼프는 오히려 정상적인 현상이며, 책을 쓰는 사람이라면 반드시 거쳐야 하는 구간입니다.

특히 일반 직장인들은 더욱 그렇습니다. 하루 8시간 이상 일을 하고, 회식과 인간관계, 체력 저하와 생활 피로를 안고 삽니다. 그런 상태에서 매일 자신의 생각을 구조화하고 문장으로 만들어 내는 일은, 냉정하게 말해 비정상적으로 어려운 작업입니다.

그럼에도 불구하고 많은 사람들이 슬럼프를 개인의 결함으로 오해합니다. 이 오해가 문제가 됩니다. 슬럼프 자체보다 슬럼프를 해석하는 방식이 집필을 멈추게 만듭니다.

이 장에서 우리가 먼저 해야 할 일은 단 한 가지입니다. 슬럼프의 정체를 정확히 이해하는 것. 슬럼프는 "쓰기 능력 저하"가 아닙니다. 슬럼프를 겪는 사람들의 공통적인 착각이 있습니다.

"예전보다 글이 안 써진다."

하지만 실제로는 글을 못 쓰게 된 것이 아니라, 글을 다르게 쓰게 된 것입니다. 집필 초반에는 속도가 빠릅니다. 할 말이 많고, 정리되지 않은 생각들도 막힘없이 쏟아집니다. 이 시기의 글은 솔직하고 에너지가 넘칩니다. 대신에 다소 거친 면이 있습니다.

그러다 어느 순간부터 문장이 느려집니다. 같은 내용을 여러 번 고치고, 한 문단을 쓰는 데 시간이 오래 걸립니다. 이때 사람들은 말합니다.

"예전보다 퇴보한 것 같다."

하지만 사실은 정반대입니다. 이 시점은 글쓰기 능력이 "하락"하는 것이 아니라 "정교화"되는 단계입니다. 초보자는 쓰는 데만 집중합니다. 중급자는 "어떻게 보일지"를 생각하기 시작합니다. 이때부터 속도는 느려지고, 피로감은 커집니다. 이 변화가 바로 슬럼프처럼 느껴지는 것입니다.

슬럼프는 사고 수준이 한 단계 올라갔다는 신호입니다. 집필 초반의 글쓰기는 일종의 방출입니다. 머릿속에 쌓인 경험과 생각을 쏟아내는 단계입니다. 하지만 책은 방출만으로 완성되지 않습니다. 독자를 고려해야 하고, 흐름을 만들어야 하며, 앞뒤 맥락을 맞춰야 합니다. 이 지점에서 뇌는 새로운 일을 시작합니다.

- **이 이야기가 독자에게 의미가 있을까?**

- 앞 장과 연결이 자연스러운가?

- 반복되는 말은 아닌가?

- 내가 하고 싶은 말과 독자가 듣고 싶은 말이 같은가?

이 질문들이 등장하는 순간, 집필 난이도는 급격히 올라갑니다. 그리고 이때 나타나는 감정이 바로 슬럼프입니다. 즉, 책 출간을 위한 글쓰기의 슬럼프는 이렇게 정의할 수 있습니다. 슬럼프란, 글쓰기 사고 수준이 한 단계 올라갔음을 알리는 신호입니다.

이 신호를 잘못 해석하면 집필을 포기하게 될 수도 있습니다. 제대로 이해하면 다음 단계로 넘어갈 수 있습니다.

직장인이 겪는 집필 슬럼프도 유형이 있다는 걸 아시나요? 일반 직장인들의 집필 슬럼프는 크게 3가지로 나뉩니다.

1) 에너지 고갈형 슬럼프

"시간은 있는데, 도저히 쓰고 싶지가 않다."

이 유형은 의지의 문제가 아니라 체력의 문제입니다. 업무로 이미 사고 에너지를 다 써 버린 상태에서, 다시 사고를 요구하는 집필을 하려니 몸이 거부 반응을 일으킵니다. 이때 많은 사람들이 억지로 책상 앞에 앉습니다. 그리고 쓰지 못하는 자신을 자책합니다. 하지만 이 슬럼프의 해법은 "각오"가 아니라 시스템 조정입니다. 중요한 사실은 이것입니다. 에너지가 없는 상태에서 쓰지 못하는 것은 게으른 것이 아닙니다.

2) 의미 상실형 슬럼프

"이것을 왜 쓰고 있는지 모르겠다."

초반에는 분명히 쓰고 싶은 이유가 있었습니다. 하지만 중반부로 들어오면 처음의 열정은 흐릿해집니다.

- 이 책이 정말 필요한가?
- 이미 비슷한 책이 많지 않은가?
- 나보다 더 잘 쓰는 사람들도 많은데 굳이 이 책을 써야 하는가?

이 질문들이 떠오르는 순간, 집필은 급격히 느려집니다. 이 유형의 슬럼프는 자기 검열이 시작되었다는 신호입니다. 아직 완성되지도 않은 원고를, 이미 완성된 책들과 비교하기 시작한 것입니다.

3) 완성 공포형 슬럼프

의외로 많은 사람들이 끝을 앞두고 멈춥니다.

- 책을 출간하게 되면 평가를 받게 될 것이다.
- 누군가는 비판할 것이다.
- 이 책이 내 수준을 드러내는 증거가 될지도 모른다.

이 공포는 무의식적입니다. 그래서 사람들은 "요즘 바빠서"라는 말로 포장합니다. 하지만 실제로 완성 이후의 세계가 두려운 것입니다.

슬럼프를 극복하려 하지 마십시오. 대부분의 책은 슬럼프를 "극복해야 할 대상"으로 말합니다. 하지만 이 접근은 위험합니다.

슬럼프를 적으로 인식하는 순간, 집필은 감정 싸움이 됩니다. 오늘 못 쓰면 패배, 쓰면 승리 같은 구조가 만들어집니다. 그러나 책 쓰기는 장기전입니다. 감정에 휘둘리는 구조에서는 절대 완주할 수 없습니다. 그래서 이 책에서는 다른 관점을 제시합니다. 슬럼프는 극복하는 것이 아니라, 통과하는 것입니다. 비 오는 날을 없앨 수는 없지만, 우산을 쓰고 목적지까지 가는 방법은 있습니다.

멈췄다는 느낌이 들 때 확인해야 할 단 한 가지를 잊지 마세요. 슬럼프가 왔다고 느껴질 때, 딱 한 가지만 점검해 봅시다.

"나는 완전히 멈췄는가, 아니면 속도가 느려졌는가?"

대부분은 멈춘 것이 아닙니다. 속도가 느려졌을 뿐입니다.

- 하루 3장 → 하루 1장
- 하루 1시간 → 하루 20분
- 매일 → 이틀에 한 번

이 변화는 실패가 아니라 현실 적응입니다. 책을 끝까지 쓰는 사람들과 그렇지 못하는 사람들의 차이는 여기서 나뉩니다. 끝까지 책을 쓰는 사람들은 속도를 늦추고 현실에 적응합니다. 하지만, 포기하는 사람들은 멈추게 됩니다. 슬럼프는 "그만두라는 신호"가 아닙니다.

슬럼프는 말합니다.

"방식을 바꿔라."

"속도를 조절해라."

"지금 단계에 맞는 전략을 써라."

하지만 절대 이렇게 말하지 않습니다.

"너는 책을 쓰면 안 된다."

이 메시지를 잘못 해석하지 않는 것이, 절대 멈추지 않는 집필
의 기술입니다.

02

쓰기 싫을 때
써야 하는 문장

책을 쓰다 보면 쓰기 싫은 날도 반드시 옵니다. 책을 쓰겠다고 마음먹은 사람들 중, "매일 쓰고 싶은 마음으로 책상 앞에 앉았다"라고 말하는 사람은 거의 없을 것입니다. 대부분의 날은 이렇습니다.

- 이미 회사에서 오늘 할 말을 다 쓴 기분
- 머리는 멍하고, 몸은 무겁고
- 원고 파일을 열면 한숨부터 나온다.

이 상태에서 "오늘도 열심히 써 보자"라는 다짐은 거의 효과가 없습니다. 왜냐하면 쓰기 싫은 감정은 결심을 한다고 해서 사라지지 않기 때문입니다. 중요한 사실이 하나 있습니다. 책 쓰기를 끝낸 사람들은 쓰기 싫은 날에도 글을 썼던 사람들이 아닙니다. 쓰기 싫은 날에 "쓸 수 있는 문장"들을 잘 알고 있었던 사람들입니다. 그렇다면, 지금 상태에서도 쓸 수 있는 문장은 무엇일까요?

첫 번째 문장 유형 : 상태 보고 문장

쓰기 싫을 때 가장 먼저 써야 할 문장은 이것입니다.

"지금의 나는 글을 쓰기가 싫다."

이 문장은 놀랍게도 매우 강력합니다.

- **생각할 필요가 없습니다.**
- **솔직합니다.**
- **이미 알고 있는 사실입니다.**

이 문장을 쓰는 순간, 집필은 0에서 1로 이동합니다. 아직 글을 쓴 것은 아니지만, 멈춰 있던 상태는 끝이 납니다. 여기서 멈추지 말고 한 줄을 더 붙입니다.

- "오늘 회사에서 일이 너무 많았다."
- "이 장이 마음에 들지 않는다."
- "어디서부터 고쳐야 할지 모르겠다."

이 문장들은 출판되지 않아도 괜찮습니다. 중요한 것은, 손가락이 키보드를 두드리고 있다라는 사실입니다.

두 번째 문장 유형 : 독백 문장

쓰기 싫을 때는 설명하지 말고 혼잣말을 적습니다.

- "이것을 이렇게 쓰는 것이 맞나?"
- "이 부분은 너무 뻔한 것 같다."
- "차라리 예시부터 쓸까?"

이 문장들은 사실 글이 아닙니다. 하지만 이 독백을 적다 보면 이상한 일들이 벌어집니다. 글의 문제가 구체화되기 시작합니다. 막연히 "쓰기 싫다"라는 상태에서 "이 장의 도입부가 마음에 안 든다"라는 인식으로 이동합니다. 문제가 구체화되면, 수정도 가능해집니다.

세 번째 문장 유형 : 이미 쓴 문장 고치기

쓰기 싫을 때 새 문장을 만들 필요는 없습니다.
이미 쓴 문장을 다시 쓰면 됩니다.

- 단어 하나 바꾸기
- 문장 순서 바꾸기
- 문단 나누기

이 작업은 생각보다 에너지가 적게 듭니다. 그리고 중요한 효과가 한 가지 있습니다.

"나는 오늘도 원고를 다뤘다."

집필은 "새로 쓰는 행위"만을 의미하지 않습니다. 원고와 접촉하는 모든 행위가 집필입니다.

네 번째 문장 유형 : 질문 문장

쓰기 싫을 때는 답을 쓰지 말고 질문만 써도 됩니다.

- 이 장에서 가장 하고 싶은 말은 뭘까?

- 독자가 가장 답답해 할 지점은 어디일까?
- 내가 이 주제를 쓰게 된 진짜 이유는?

질문은 완성도를 요구하지 않습니다. 하지만 방향을 만듭니다. 다음 날, 에너지가 회복되었을 때, 이 질문들은 훌륭한 출발점이 됩니다. 왜 이 문장들이 효과가 있는가? 이 문장들의 공통점은 한 가지입니다. 글을 "완성"하려고 하지 않습니다. 쓰기 싫은 날에 완성을 목표로 하면 집필은 감정 노동이 됩니다. 하지만 쓰기 싫은 날에 "연결만 유지하자"라는 목표를 세우면 집필은 관리 가능한 작업이 됩니다.

절대 멈추지 않는 집필의 핵심은 매일 잘 쓰는 것이 아니라, 내일 쓰는 사람이라는 정체성을 유지하는 것입니다. 오늘 쓴 문장이 형편없어 보여도 괜찮습니다. 쓰기 싫은 날에 쓴 문장을 다른 날 다시 보면 이렇게 느낄 것입니다.

"이걸 내가 왜 썼지?"

정상입니다. 그리고 아무런 문제가 없습니다. 중요한 것은 그 문장 자체가 아니라, 그 문장이 집필을 끊어지지 않게 했다라는 사실입니다. 책은 잘 쓴 문장들의 합이 아니라, 포기하지 않은 날들의 합입니다.

3부

실제로 한 권을 완성하는 과정

WRITE A BOOK ONCE IN YOUR LIFE!

7장

목차는
이렇게 만든다

01

좋은 목차 vs 나쁜 목차

책의 70%는 목차에서 이미 결정됩니다.

책을 쓰겠다고 마음먹은 대부분의 사람들은 첫 문장부터 고민합니다. 하지만 실제로 책을 완성한 사람들은 다르게 시작합니다. 그들은 문장이 아니라 목차부터 씁니다.

그 이유는 단순합니다. 책은 "글의 모음"이 아니라 구조물이기 때문입니다. 목차가 무너지면 아무리 좋은 문장들을 써도 책은 완성되지 않습니다. 반대로, 목차가 제대로 서 있으면 문장이 조금 부족해도 책은 끝까지 쓸 수 있습니다.

특히 일반 직장인에게 목차는 더 중요합니다. 매번 같은 시간, 같은 컨디션으로 쓰기 어렵기 때문입니다. 목차는 이런 사람들에게 집필의 지도가 됩니다.

나쁜 목차는 왜 집필을 멈추게 하는가?
책을 중간에 포기하는 이유를 물으면 사람들은 대부분 이렇게
답합니다.

- **시간이 없어서**
- **바빠서**
- **의욕이 떨어져서**

하지만 실제 원인은 다른 데 있는 경우가 많습니다. 특히, 목
차가 나쁘면 그럴 수 있습니다.
나쁜 목차는 쓸수록 헷갈리게 만들고, 앞으로 얼마나 남았는
지 알 수 없게 만들며, 지금 쓰는 것이 맞는 방향인지 의심하
게 만듭니다. 이 상태에서 집필을 계속하는 것은 지도 없이 산
을 오르는 것과 같습니다.

나쁜 목차의 첫 번째 특징 : "주제 나열형"
가장 흔한 나쁜 목차는 이런 형태입니다.

- 글쓰기란 무엇인가?

- 왜 책을 써야 하는가?

- 글쓰기의 중요성

- 동기부여

언뜻 보면 그럴 듯해 보입니다. 하지만, 이 목차에는 치명적인 문제가 있습니다. "그래서 뭘 쓰라는 것인지"가 보이지 않습니다. 이런 목차는 아이디어 메모에 가깝지, 집필용 설계도가 아닙니다. 이 목차로 쓰기 시작하면 각 장이 에세이처럼 흘러가고, 분량 조절이 잘 되지 않으며, 중복이 계속 발생합니다.

나쁜 목차의 두 번째 특징 : 독자 없는 목차

나쁜 목차는 대개 "내가 하고 싶은 밀"로만 구성되어 있습니다.

- 내가 힘들었던 이야기

- 내가 깨달은 교훈

- 내가 중요하다고 느낀 개념

하지만 책은 독자들의 문제를 해결하는 구조여야 합니다. 독자들이 어디에서 막히는지, 어떤 질문을 던지고 있는지가 목차에 드러나지 않으면 글을 쓰는 사람도 방향을 잃을 수 있습니다.

나쁜 목차의 세 번째 특징 : 쓰기 난이도가 들쭉날쭉
이런 목차를 본 적이 있을 것입니다.

- 1장 : 글쓰기 철학
- 2장 : 나의 인생 이야기
- 3장 : 실전 글쓰기 방법
- 4장 : 마음가짐

이 목차의 문제는 각 장의 쓰기 난이도가 전혀 다르다는 점입니다. 직장인들은 매번 같은 에너지로 글을 쓰지 못합니다. 난이도가 섞여 있으면 어느 순간 반드시 멈추게 됩니다.

좋은 목차의 첫 번째 기준 : 각 장의 역할이 명확하다
좋은 목차에의 각 장에는 분명한 "역할"이 있습니다.

- 이해시키는 장
- 안심시키는 장

- 행동하게 만드는 장
- 정리하는 장

역할이 명확하면 쓸 때 고민이 줄어듭니다. "이 장에서 뭘 써야 하지?"가 아니라 "이 역할을 어떻게 수행할까?"로 바뀌게 됩니다.

좋은 목차의 두 번째 기준 : 끝이 보인다

좋은 목차를 보면 쓴 사람뿐 아니라 읽는 사람도 느낍니다.

"아, 이 책은 여기까지 가는구나." 장 수, 흐름, 마무리 지점이 보이면 집필은 심리적으로 훨씬 쉬워집니다. 특히, 직장인들에게 끝이 보인다는 감각은 결정적입니다.

02

독자가 끝까지 읽는 구조

목차는 "정보의 나열"이 아니라 "독서 경험의 설계도"입니다.
많은 예비 저자님들이 목차를 이렇게 생각합니다.

"내가 알고 있는 내용을 잘 정리해서 순서대로 나열하면 되겠
지."

하지만 독자는 그렇게 읽지 않습니다. 독자들은 정보를 소비
하는 사람이 아니라 경험을 통과하는 사람입니다. 그리고 그
경험의 설계도가 바로 목차입니다.

독자들이 책을 끝까지 읽느냐, 중간에 덮느냐는 문장력 이전
에 구조에서 이미 결정됩니다. 아무리 좋은 내용이라도, 독자
의 읽기 리듬을 고려하지 않은 구조라면 끝까지 읽히기 힘듭

니다.

독자는 처음부터 끝까지 "논리적으로" 읽지 않습니다. 책을 쓰는 사람들은 보통 이렇게 생각합니다.

- 1장부터 차근차근 읽을 것이다.
- 앞 내용을 이해했으니 뒤 내용도 자연스럽게 따라올 것이다.
- 내가 설계한 흐름을 독자들도 그대로 따라 올 것이다.

하지만 현실은 다릅니다.

독자들의 실제 독서 패턴은 다음과 같습니다.

1. 목차를 먼저 훑는다.
2. 지금 나에게 필요한 장을 찾는다.
3. 중간부터 읽기 시작한다.
4. 재미있으면 앞뒤로 이동한다.
5. 지루해지면 조용히 덮는다.

즉, 독자들은 처음부터 끝까지 "선형적으로" 읽지 않습니다.

그럼에도 불구하고 끝까지 읽게되는 책은 분명히 존재합니다. 그 차이는 무엇일까요?

끝까지 읽히는 책들의 공통점은 바로 "다음 장을 열어야 할 이유"를 준다는 것입니다.
완독되는 책에는 공통점이 있습니다. 각 장이 끝날 때마다 독자들에게 이런 신호를 줍니다.

"다음 장을 안 읽으면 손해 볼 것 같은데?"

이 신호는 다음 3가지 중 하나로 만들어집니다.

1. **문제 제기**
2. **기대감**
3. **미해결 상태**

목차는 이 신호가 연속적으로 발생하도록 설계된 구조여야 합니다.

독자가 끝까지 읽는 구조 첫 번째 : 문제 해결형 흐름

가장 기본적이면서도 강력한 구조는 문제 → 해결 구조입니다.

직장인 독자들이 책을 집는 이유, 일반 직장인들이 책을 사는 이유는 단순합니다.

- **막막하다.**
- **답답하다.**
- **뭔가 바꾸고 싶은데 방법을 모르겠다.**

즉, 문제를 안고 책을 집습니다. 독자들은 먼저 이렇게 느껴야 합니다.

"이 책에는 내 상황과 비슷한 이야기를 하고 있다."

독자가 끝까지 읽는 구조 두 번째 : 성장 서사

사람들은 정보를 기억하지 않습니다. 이야기를 기억합니다. 완독되는 책들은 대부분 저자님들의 성장 서사를 은근히 따라가게 만듭니다. 서사는 꼭 드라마틱할 필요는 없습니다. 많은 직장인 저자님들이 이렇게 말합니다.

"저는 특별한 스토리가 없어요."

하지만 여기서 말하는 서사는 이런 것이 아닙니다.

- **실패 → 시행착오 → 깨달음 → 변화**

이 정도면 충분합니다.

독자가 끝까지 읽는 구조 세 번째 : 지금 읽지 않으면 안 되는 이유
완독을 방해하는 가장 큰 적은 바쁨입니다. 직장인 독자들은
항상 이런 상태입니다.

- **시간이 없다.**
- **피곤하다.**
- **나중에 읽자.**

그래서 목차는 독자에게 계속해서 이렇게 말해야 합니다.

"이 장은 지금 읽어야 합니다."

목차를 점검하는 5가지 질문

목차를 완성한 뒤, 반드시 다음 질문을 던져봅시다.

1. 이 목차를 보면 내 문제가 보이는가?
2. 앞에서 뒤로 갈수록 난이도가 자연스럽게 올라가는가?
3. 각 장이 하나의 질문에만 답하고 있는가?
4. 중간부터 읽어도 이해가 가능한 구조인가?
5. 마지막 장을 읽고 나면 행동하고 싶어지는가?

이 질문에 대부분 "예"라고 답할 수 있다면, 그 목차는 이미 완독 가능성이 높은 구조입니다. 목차는 완성본이 아니라 "살아 있는 구조"입니다. 처음 만든 목차가 완벽할 필요는 없습니다.

- 쓰면서 바뀌어도 됩니다.
- 순서가 바뀌어도 됩니다.
- 장이 합쳐지거나 쪼개져도 됩니다.

중요한 것은 한 가지입니다. 이 목차가 독자들을 끝까지 데려갈 수 있는가? 목차는 출발점이지 족쇄가 아닙니다. 독자들의 읽기 경험을 기준으로 계속 다듬어지는 살아 있는 구조여야 합니다.

03

목차만 봐도 사고 싶은 책

책은 "내용"이 아니라 "기대감"으로 팔립니다.
대부분의 예비 저자들은 이렇게 말합니다.

"내용은 정말 좋은데, 사람들이 안 사요."

하지만 냉정하게 말하면, 독자들은 내용을 모르기 때문에 책을 사는 것입니다. 서점에서 독자가 책을 고르는 시간은 평균 10초 남짓입니다. 그 짧은 시간 동안 독자들은 다음 3가지만 봅니다.

1. **제목**
2. **부제**

3. 목차

이 중에서도 가장 많은 정보를 주는 것이 목차입니다. 목차는 단순한 구성표가 아니라, 이 책이 내 문제를 해결해 줄 수 있는지를 판단하는 핵심 재료입니다. 그래서 책이 팔리느냐 마느냐는, "글을 얼마나 잘 썼느냐"보다 "목차만 봐도 사고 싶게 만들었느냐"에 달려있습니다.

일반 직장인들이 책을 쓸 때 특히 이 부분이 중요합니다. 이미 유명인도 아니고, 전문가 타이틀도 약한 상황에서 독자들을 설득할 수 있는 거의 유일한 무기가 바로 목차이기 때문입니다. 독자들은 목차를 "자기 이야기"로 읽습니다. 독자들은 목차를 이렇게 읽지 않습니다.

"아, 1장은 이런 내용을 다루는군."

대신 이렇게 읽습니다.

"이거, 지금 내 상황 아닌가?"

그래서 목차는 "저자의 이야기"가 아니라 "독자의 상태"로 써야 합니다. 예를 들어봅시다.

저자 중심 목차 X

- 직장인도 책을 쓸 수 있는 이유
- 글쓰기 능력의 중요성
- 출판 시장의 이해

독자 중심 목차 O

- "나는 평범해서 책 쓸 자격이 없다고 생각했다."
- 글을 못 써서가 아니라, 시작 방법을 몰라서 못 쓴다.
- 출판은 생각보다 훨씬 현실적인 선택이다.

두 번째 목차는 설명이 아니라 고백처럼 느껴집니다. 독자들은 그 고백에서 자기 자신의 상황을 발견합니다.

"이 사람, 나랑 똑같네."

그 순간, 책은 상품이 아니라 대화 상대가 됩니다.

"목차만 봐도 사고 싶은 책"의 4가지 공식

첫 번째 공식, 결과를 먼저 보여줍니다.

독자들은 과정이 아니라 결과를 사고 싶어 합니다.

- 책 쓰기의 과정 X
- 글쓰기 연습법 X
- 퇴근 후 1시간, 원고가 쌓이기 시작했다. O
- 3개월 만에 출판 제안을 받았다. O

목차에는 반드시 도착지점이 보여야 합니다.

"이 책을 끝까지 읽으면, 나는 어디에 도달해 있을까?"

이 질문에 답하지 못하는 목차는 매력적일 수 없습니다.

두 번째 공식, "문제 → 좌절 → 해결"의 감정 흐름을 만듭니다.

좋은 목차는 스토리를 가집니다.

1. 지금의 나 (문제)
2. 왜 안 되는지 (좌절)

3. **그래서 이렇게 했다. (전환)**

4. **결국 이렇게 되었다. (해결)**

이것은 목차이지만 이미 한 편의 이야기입니다.

독자는 결말이 궁금해서 다음 장을 넘깁니다.

세 번째 공식, 추상적인 단어를 버립니다.

"성장", "전략", "노하우", "방법론"

이런 단어는 저자에게는 편하지만 독자에게는 공허합니다.

대신 구체적인 장면을 써야 합니다.

- **글쓰기 전략 X**

- **퇴근 후 소파에 누워 있다가 노트북을 켜게 된 순간 O**

- **출판 준비 과정 X**

- **원고를 보내고 3일 동안 메일함만 들여다 봤다. O**

구체적인 장면이 보이면, 독자들은 그 장면 속에 자신을 집어

넣어 봅니다.

네 번째 공식, "나도 할 수 있겠다."라는 착각을 심습니다.

일반 직장인들에게 이런 책은

"대단해 보여서"가 아니라

"나도 가능할 것 같아서" 팔립니다.

그래서 목차는 너무 멋있으면 안 됩니다.

- **완벽한 글쓰기 시스템 X**
- **프로 작가의 사고법**

대신 이런 문장이 좋습니다.

- **글쓰기 학원 하나 다녀본 적 없는 내가 글을 쓴 방법**
- **새벽형 인간이 아니라서 성공한 이유**

독자들은 이렇게 생각해야 합니다.

"이 정도면, 나도 해 볼 수 있지 않을까?"

목차를 만들 때 꼭 던져야 할 질문 5가지를 잊지 마세요.

목차를 점검할 때 이 질문들을 던져보도록 합시다.

1. 이 장 제목을 보고 지금 내 문제라고 느낄까?
2. 추상적인 단어 대신 장면이 보이는 문장인가?
3. 결과가 보이는가, 아니면 설명만 있는가?
4. 이 순서대로 읽으면 변화가 느껴질까?
5. 나보다 조금 앞서 있는 사람이 말해 주는 느낌인가?

이 다섯 가지에 대부분 "예"라고 답할 수 있다면, 그 목차는 이미 사고 싶은 책의 조건을 갖춘 것입니다. 목차는 가장 먼저 쓰고, 가장 나중에 완성됩니다. 아이러니하게도, 목차는 가장 먼저 쓰지만 가장 마지막에 완성됩니다. 처음에는 방향을 잡기 위해 쓰고, 중간에는 길을 잃지 않기 위해 고치고, 마지막에는 독자들을 유혹하기 위해 다듬습니다. 그래서 이렇게 말하고 싶습니다.

"목차에 시간을 쓰는 것은 글쓰기 시간을 아끼는 가장 확실한 방법입니다."

특히, 일반 직장인이라면, 목차가 곧 책 완성률입니다. 목차만 봐도 사고 싶은 책은 우연히 만들어지지 않습니다. 독자의 마음을 대신 고민한 흔적이 장 제목 하나하나에 남아 있을 뿐입니다.

8장

초고 100% 완성하기

01

중간에 흔들릴 때
생기는 생각들

초고의 절반쯤에서 거의 모든 사람들이 멈춥니다. 책을 쓰겠다고 마음먹은 사람들 중, 정말로 끝까지 책을 쓰는 사람들은 생각보다 많지 않습니다.

아이디어는 넘칩니다. 목차도 그럴 듯 합니다. 첫 장, 두 번째 장까지는 의외로 글이 잘 써집니다. 문제는 그 다음입니다. 원고가 어느 정도 쌓였을 때, 분량으로 치면 초고의 30~60% 지점. 이때 거의 모든 일반 직장인들은 같은 벽 앞에 서게 됩니다.

"이게 과연 책이 될까?"
"내가 이것을 끝까지 쓰더라도 의미가 있을까?"

"지금이라도 그만두는 것이 낫지 않을까?"

이 장에서는 초고를 쓸 때마다 흔들릴 때 머릿속에 자동으로 떠오르는 생각들을 하나씩 꺼내어 봅니다. 그리고 그 생각들이 왜 자연스러운지, 왜 굳이 이 시점을 넘겨야 하는지를 이야기하려 합니다.

"이미 있는 이야기 같은데?"라는 생각이 들 때가 없었나요? 초고를 쓰다 보면 가장 먼저 드는 생각이 있습니다.

"이거 이미 다 나온 이야기 아닌가?"

검색해 보면 비슷한 책이 있고, 비슷한 콘텐츠가 있고, 비슷한 경험담이 넘쳐납니다. 그러면 이런 생각이 따라옵니다.

"굳이 내가 쓸 필요가 있나?"
"이 정도 이야기는 누구나 할 수 있잖아."

하지만 여기서 꼭 짚고 넘어가야 할 사실이 있습니다. 책은 "새로운 정보"로만 만들어지지 않습니다. 세상에 완전히 새로

운 이야기는 거의 없습니다. 그럼에도 책이 계속 나오는 이유
는 단 한 가지입니다. 사람마다 살아온 맥락이 다르기 때문입
니다. 같은 내용을 말해도

* **어떤 직장에서**
* **어떤 나이로**
* **어떤 좌절을 거쳐**
* **어떤 방식으로 깨달았는지**

이 모든 것이 다르면, 그 책은 다른 책입니다. 일반 직장인들
의 책은 특히 더 그렇습니다.

전문가의 완벽한 해답이 아니라, 비슷한 위치에 있는 사람이
한 발 앞서 겪은 이야기이기 때문입니다. 지금 "이미 있는 이
야기 같다."라고 느껴진다면, 그건 실패의 신호가 아니라 정상
적으로 쓰고 있다는 증거입니다.

"이게 잘 쓰고 있는 것인지 잘 모르겠다"라는 불안이 찾아올
때도 있습니다.

초고를 쓰다 보면 문장이 마음에 들지 않기 시작합니다.

- 문장이 어색해 보이고
- 앞에 쓴 글이 중복되어 보이고
- 갑자기 글을 못 쓴 것처럼 느껴집니다.

이때, 많은 사람들이 원고를 다시 고치기 시작합니다. 그리고 고치고 지칩니다. 그리고 멈춥니다. 하지만 이 불안의 정체를 정확히 알아야 합니다. 초고 단계에서 "잘 쓰고 있는지" 판단하는 것은 불가능합니다. 왜냐하면 아직 전체 그림이 없기 때문입니다. 퍼즐을 맞출 때도 조각 몇 개만 놓고 "이 그림이 예쁜지 아닌지"를 판단하지 않습니다. 초고는 "완성된 글"이 아니라 재료를 쌓는 단계입니다. 이 시점에서 해야 할 일은 단 한 가지입니다. 잘 쓰고 있는지 고민하지 말고 계속 쓰고 있는지만 확인하기.

글이 엉망처럼 느껴지는 것은 글이 엉망이라서가 아니라, 눈이 먼저 성장했기 때문입니다.

"내 이야기를 누가 궁금해 할까?"라는 자격지심이 느껴질 때도 있습니다.
원고가 중반을 넘기면 이런 생각이 아주 강하게 올라옵니다.

"이것은 너무 개인적인 이야기 아닌가?"
"내 경험이 다른 사람들한테도 도움이 될까?"
"이 정도 인생으로 책을 써도 되나?"

이것은 특히 일반 직장인들에게 아주 익숙한 감정입니다. 회사에서도 늘 비교당하고, 성과로 평가받고, 위아래를 보며 살아왔기 때문입니다. 하지만 여기서 꼭 기억해야 할 것이 있습니다. 독자들은 "대단한 사람"을 찾지 않습니다. 독자들은 "비슷한 사람"을 찾습니다. 너무 성공한 이야기보다

- **실패했고**
- **헤맸고**
- **중간에 포기하고 싶었고**
- **그래도 끝까지 가 본 이야기**

이게 훨씬 더 설득력이 있습니다. 독자님의 이야기가 특별해서 책이 되는 것이 아닙니다.
독자님의 이야기는 솔직해서 책이 됩니다. 초고 중반에 이 생각이 들었다면, 그것은 독자님께서 드디어 본인의 이야기를 제대로 쓰고 있다는 신호입니다.

"이 구조가 맞는지 모르겠다."라는 생각에 혼란스러울 때도 분명 있습니다.

초고를 절반쯤 쓰다 보면 목차가 갑자기 마음에 안 들기 시작합니다.

- 이 장을 앞에 둬야 하나?
- 이 이야기는 굳이 필요할까?
- 흐름이 이상한 것 같은데?

그래서 어떤 사람들은 목차를 다시 만들고, 순서를 바꾸고, 그러다 글쓰기를 멈춥니다. 하지만 이 시점의 혼란은 구조가 잘못되었다라는 증거가 아닙니다. 오히려 구조를 몸으로 이해하기 시작했다라는 신호입니다. 처음 만든 목차는 머리로 만든 설계도입니다. 초고를 쓰면서 느끼는 혼란은 실제로 그 책을 쓰다 보면 생기는 감각입니다. 이 단계에서 중요한 원칙이 하나 있습니다. 구조는 고쳐도 되지만, 쓰는 것을 멈추지 말 것. 목차는 언제든지 바꿀 수 있습니다. 하지만 멈춘 글은 다시 움직이기 어렵습니다.

흔들릴 때마다 붙잡아야 할 단 하나의 기준이 있습니다.

초고를 쓰다 흔들릴 때 기준이 많으면 더 흔들 릴 수 있습니다.

- 잘 쓰고 있나?
- 사람들이 좋아할까?
- 출판이 될까?

이 질문들은 초고 단계에서는 모두 독입니다. 이 시기에 붙잡아야 할 기준은 단 한 가지입니다.

"오늘도 한 문단이라도 썼는가?"

초고 100% 완성은 재능의 문제가 아닙니다. 의지의 문제도 아닙니다. 기록의 문제입니나. 질 쓴 날도 있고 엉망인 날도 있고 억지로 쓴 날도 있어야 마침내 "한 권"의 책이 완성됩니다. 초고를 끝내는 사람들은 일반 사람들과 다르지 않습니다. 끝까지 글을 쓴 사람들은 더 성실해서도, 더 뛰어나서도 아닙니다. 다만, 이 사실을 일찍 받아들였을 뿐입니다.

초고는 원래 재미없고, 원래 불안하고, 원래 의심스럽습니다. 그것을 문제로 생각하지 않고 과정으로 받아들였을 뿐입니다.

중간에 흔들린다는 것은 지금 포기해야 할 이유가 있는 것이 아니라, 거의 다 왔다는 신호입니다.

02

"이게 무슨 의미가 있지?"를 넘는 법

초고의 가장 위험한 순간은 "지치기 시작할 때"가 아닙니다. 초고를 쓰다 보면 누구나 지치기 마련입니다. 야근 때문에, 체력의 문제 때문에, 시간이 없어서. 하지만 대부분의 원고는 피곤해서가 아니라 의미를 잃었따고 느끼는 순간에 멈춥니다. 어느 날 문득 이런 생각이 듭니다.

"내가 이것을 왜 쓰고 있지?"
"이것이 내 인생에 무슨 도움이 되지?"
"아무도 안 읽으면 이 시간은 그냥 낭비 아닌가?"

이 질문은 아주 조용하게 다가옵니다. 그리고 아주 논리적으로 들립니다. 그래서 더 위험합니다. 왜냐하면 이 질문들은 글을 못 쓰게 만드는 질문이 아니라 글을 계속 쓸 이유 자체를 흔들어버리는 질문이기 때문입니다.

"의미가 없다."는 생각은 실패가 아니라 단계입니다. 먼저 분명히 말하고 싶습니다. 초고를 쓰다 "이게 무슨 의미가 있지?"라는 생각이 든다면 그것은 잘못 가고 있다는 신호가 아닙니다. 오히려 이 생각은 초고를 끝까지 쓰는 사람이라면 반드시 통과해야 하는 단계입니다. 처음 책을 쓰기 시작할 때는 동기가 분명합니다.

- **나도 책 한 권 써 보고 싶다.**
- **내 경험을 정리하고 싶다.**
- **언젠간 출판을 해 보고 싶다.**

하지만 초고 중반을 지나면 그 동기들이 더 이상 힘을 발휘하지 않습니다. 이때 드는 "의미 없음"의 감정은 동기가 약해져서 생기는 것이 아니라 동기가 너무 익숙해졌기 때문에 생깁니다. 처음엔 설레서 쓰던 글이 어느 순간부터는 그냥 해야 하는 일이 됩니다. 이것은 실패가 아니라 취미에서 작업으로 넘어가는 지점입니다. 의미를 너무 크게 잡으면, 글은 멈춥니다.

많은 사람들이 이 질문에서 벗어나지 못하는 이유는 "의미"를 너무 거창하게 설정했기 때문입니다.

- 이 책이 내 인생을 바꿔야 할 것 같고
- 이 책이 누군가에게 엄청난 도움이 되어야 할 것 같고
- 이 책이 출판되어야만 의미가 있을 것 같다.

이렇게 생각하면 지금 쓰고 있는 한 문단, 한 장면이 모두 초라해 보일 수 있습니다. 그래서 쓰다 멈추게 됩니다. 하지만 초고 단계에서 의미는 이렇게 정의되어야 합니다. 지금 이 문장을 쓰는 행위 자체가 의미가 있다. 이것은 정신 승리가 아닙니다. 작업의 본질에 가까운 이야기입니다.

책은 "의미가 있어서 쓰는 것"이 아니라, 쓰다 보니 의미가 생기는 것입니다. 지금 독자님에게 필요한 의미는 딱 한 가지입니다. 만약 지금 책을 쓰고 있다면 독자님께 필요한 의미는 이것 하나면 충분합니다.

"나는 오늘도 초고를 조금 앞으로 밀었다."

이 문장이 오늘의 의미입니다. 오늘 쓴 문장이 내일 그대로
남아 있지 않아도 괜찮습니다.
오늘 쓴 장이 나중에 통째로 빠져도 괜찮습니다.

초고의 목적은 남길 문장을 고르는 것이 아니라 남길 수 있는
상태까지 가는 것입니다. "이게 무슨 의미가 있지"라는 질문은
글을 그만두라는 신호가 아닙니다. 대신 습관, 구조, 기록에
의존해야 합니다.

9장

퇴고는
이렇게 하면 된다

01

혼자 퇴고하는 법

초고를 완성한 직장인 저자들이 가장 많이 묻는 질문들이 있습니다.

"이제 뭘 하면 되나요?"
"이 상태로 출판사에 보내도 될까요?"
"퇴고는 꼭 전문가의 도움을 받아야 하나요?"

초고를 끝냈다는 사실만으로도 이미 대단한 일을 해낸 것입니다. 그러나 책은 초고 상태로 세상에 나가지 않습니다. 초고는 말 그대로 "초안"입니다. 지금부터 해야 할 일은 이 초안을 읽히는 글, 전달되는 글, 책다운 글로 바꾸는 작업입니다. 이 과정이 바로 퇴고입니다.

많은 직장인들은 퇴고를 어렵고 전문적인 작업으로 생각합니다. 문학 전공자나 편집자만 할 수 있는 영역처럼 느끼기도 합니다. 하지만 현실적으로 대부분의 예비 저자들은 혼자 퇴고를 시작해야 합니다. 출판사를 만나기 전까지, 혹은 편집자의 손을 거치기 전까지, 원고를 가장 많이 다루는 사람은 저자님 자신입니다.

다행이 혼자서도 충분히 할 수 있는 퇴고의 방법이 있습니다. 중요한 것은 "잘 고치려는 마음"이 아니라, 제대로 고치는 순서를 아는 것입니다.

퇴고는 글을 예쁘게 만드는 작업이 아닙니다. 퇴고라고 하면 흔히 이런 장면을 떠올립니다.

- **문장을 더 세련되게 다듬는다.**
- **단어를 바꿔가며 표현을 고친다.**
- **어색한 문장을 매끄럽게 만든다.**

물론 이것도 퇴고의 일부입니다. 하지만, 이것은 가장 마지막 단계에서 해야 할 일입니다. 많은 직장인 저자들이 퇴고에 실패하는 이유는, 처음부터 문장 하나하나를 붙잡고 고치기 때문입니다. 그러다 보면 전체 구조는 보지 못한 채 지치게 되고, 퇴고는 끝없는 수정의 늪으로 변합니다.

퇴고의 핵심은 문장이 아니라 구조와 전달입니다. 독자님이 이 책을 처음부터 끝까지 읽을 수 있는가, 저자님이 말하고자 하는 핵심이 분명히 전달되는가, 불필요하게 반복되거나 흐름을 끊는 부분은 없는가.

이 질문에 답하는 과정이 진짜 퇴고입니다. 혼자 퇴고를 시작하기 전에 반드시 해야 할 일이 있습니다.

초고를 막 끝낸 상태라면, 바로 퇴고에 들어가고 싶은 마음이 들 것입니다. 하지만 가장 먼저 해야 할 일은 의외로 간단합니다. 원고에서 잠시 떨어지는 것입니다.

최소 3일, 가능하다면 일주일 정도 원고를 열지 않는 것이 좋습니다. 이 기간 동안 글을 안 쓰는 것이 아니라, 글을 잊는 것이 목적입니다. 초고를 쓴 직후에는 모든 문장이 다 이유 있어 보이고, 모든 흐름이 자연스럽게 느껴집니다. 이 상태에서는 객관적인 퇴고가 불가능합니다.

원고에서 거리를 둔 후 다시 열었을 때, 처음 읽는 사람처럼 어색함이 느껴진다면 정상입니다. 그때부터 비로소 퇴고가 시작됩니다.

1단계 퇴고 : 전체 구조만 봅니다

혼자하는 퇴고의 첫 단계에서는 절대 문장을 고치지 않습니다. 이 단계의 목표는 오직 하나입니다.

"이 책은 어떤 흐름으로 읽히는가?"

방법은 간단합니다.

- 원고를 처음부터 끝까지 빠르게 읽는다.
- 맞춤법, 문장 표현은 신경 쓰지 않는다.
- 읽으면서 떠오르는 느낌을 메모한다.

이때 체크해야 할 질문은 다음과 같습니다.

- 이 책의 핵심 메시지는 무엇인가?
- 초반부에서 그 메시지가 분명히 드러나는가?

- 중간에 흐름이 느슨해지는 부분은 어디인가?
- 같은 이야기를 반복하고 있는 장은 없는가?
- 마지막까지 읽고 나면 무엇이 남는가?

이 과정에서 "이 문장은 별로다"라는 생각이 들어도 표시만 해 두고 넘어갑니다. 고치지는 않습니다. 지금은 숲을 보는 단계 이지, 나무를 다듬는 단계가 아닙니다.

2단계 퇴고 : 장과 장 사이를 정리합니다

두 번째 단계에서는 각 장의 역할을 점검합니다. 직장인 저자 들의 원고를 보면, 개별 장은 괜찮은데 장과 장이 자연스럽게 이어지지 않는 경우가 많습니다. 이는 초고를 쓰는 과정에서 생각의 흐름대로 쓰다 보니 생기는 자연스러운 현상입니다. 이 단계에서 해야 할 질문은 이것입니다.

- 이 장은 왜 필요한가?
- 이 장이 빠지면 책의 메시지가 약해지는가?
- 앞 장과 내용이 겹치지는 않는가?

겹치는 장이 있다면 둘 중 하나를 과감히 줄이거나 합칩니다.

퇴고에서 가장 어려운 일은 삭제입니다. 하지만 책은 더하는 작업이 아니라, 덜어내는 작업을 통해 완성됩니다.

특히, 직장인 저자는 자신의 경험을 모두 담고 싶어합니다. 그러나 독자들은 저자의 모든 경험이 아니라, 자신에게 필요한 이야기만 원합니다. 이 기준으로 장을 정리해야 합니다.

3단계 퇴고 : 단락 단위로 흐름을 봅니다

이제 문단을 살펴볼 차례입니다. 이 단계에서는 한 단락이 하나의 메시지를 잘 전달하고 있는지 점검합니다.

- 이 단락에서 말하고 싶은 핵심은 무엇인가?
- 한 문단 안에 너무 많은 이야기가 들어 있지는 않은가?
- 예시와 설명이 과도하게 길지는 않은가?

특히 직장인 저자들은 설명을 지나치게 친절하게 쓰는 경향이 있습니다. 이는 업무 보고서에 익숙한 습관 때문입니다. 하지만 책에서는 독자들이 스스로 생각할 여백도 필요합니다. 설명이 길어질수록 메시지는 흐려집니다.

한 단락, 한 단락을 읽으며 "그래서 하고 싶은 말이 뭐지?"라는 질문을 던져봅시다. 이 질문에 명확하게 답할 수 없다면, 그 단락은 정리가 필요합니다.

4단계 퇴고 : 타겟 독자를 계속 계속 확인합니다

제목에 걸맞게, 독자가 누구인지 계속해서 확인해야 합니다. 퇴고 과정에서 반드시 점검해야 할 부분은 다음과 같습니다.

- 이 문장은 타겟 독자들이 이해할 수 있는 언어인가?
- 지나치게 추상적이거나 이론적이지는 않는가?
- 실제 타겟 독자들의 상황이 떠오르는 예시가 있는가?

혼자 퇴고를 하다 보면 자신만 이해하는 표현들이 늘어날 수 있습니다. 이를 방지하기 위해 추천하는 방법이 있습니다. "주변 지인들에게 읽어준다고 가정하고 소리내어 읽기"입니다. 소리 내어 읽으면 어색한 문장, 지나치게 긴 문장은 바로 드러납니다.

5번째 퇴고 : 문장을 다듬습니다

이제야 문장을 고칠 차례입니다. 이 단계에서는 다음 원칙만

지켜도 충분합니다.

- **한 문장은 최대한 짧게 쓴다.**
- **한 문단에 하나의 메시지만 담는다.**
- **불필요한 수식어를 줄인다.**

맞춤법이나 띄어쓰기는 이 단계에서 한 번에 정리합니다. 처음부터 맞춤법 검사기를 돌리며 퇴고하면 흐름을 놓치기 쉽습니다.

혼자 퇴고를 할 때 반드시 피해야 할 함정을 경계해야 합니다. 혼자 퇴고를 하다 보면 빠지기 쉬운 함정이 있습니다.

첫 째, 끝없이 고치기만 하는 것입니다.
퇴고에는 종료 시점이 필요합니다. 일정 횟수 이상 수정했다면, "이 정도는 충분하다"라고 멈출 줄도 알아야 합니다.

둘 째, 혼자서 완벽하게 끝내려는 것입니다.
혼자 퇴고는 출판을 위한 "준비 단계"입니다. 이 원고는 이후 편집자의 손을 거치며 더 좋아질 것입니다. 지금 단계에서의 목표는 완벽이 아니라 전달 가능한 상태입니다.

퇴고를 마쳤다는 신호를 느꼈나요?
그렇다면 언제 퇴고를 끝내야 할까요? 다음 신호가 보인다면,
혼자 퇴고는 충분히 해낸 것입니다.

- **처음부터 끝까지 읽히는 흐름이 생겼다.**
- **하고 싶은 말이 명확해졌다.**
- **"이건 꼭 말해야겠다"라는 문장들이 남았다.**
- **이 책의 독자가 분명해졌다.**

이 상태라면, 이제 원고는 다음 단계로 넘어갈 준비가 되었습
니다.

퇴고는 고통스러운 작업이지만, 동시에 저자가 자신의 생각을
가장 깊이 이해하게 되는 과정이기도 합니다. 혼자 퇴고를 해
본 사람이라면 알 것입니다. 책 한 권은 단순히 쓰는 것이 아
니라, 계속해서 덜어내고 정리한 결과물이라는 것을.

그리고 이 과정을 끝낸 독자님께서는, 이미 "책을 끝까지 만들

어본 사람"이라는 작가님의 영역에 들어와 있을 것입니다.

02

독자를 배려하는
문장 만들기

퇴고의 핵심은 "잘 쓴 문장"을 만드는 데 있지 않습니다. 퇴고의 진짜 목적은 독자가 끝까지 읽을 수 있는 문장을 만드는 것입니다. 초고를 쓸 때 우리는 대부분 "나"를 중심에 둡니다. 내 경험, 내 생각, 내가 느낀 감정이 자연스럽게 문장에 녹아듭니다. 하지만 퇴고 단계에서는 관점을 바꿔야 합니다. 이제 문장의 주인은 내가 아니라 독자님입니다. 독자를 배려한다는 것은 무엇일까요? 많은 사람들이 "독자를 배려하는 글"을 이렇게 오해합니다.

- 쉽게 써야 한다.
- 짧게 써야 한다.
- 친절해야 한다.

물론 틀린 말은 아닙니다. 하지만 이것은 결과이지 본질은 아닙니다. 독자를 배려한다는 것은 독자가 글을 읽으며 겪는 "불편"을 최소화하는 것입니다. 독자들이 글을 읽으며 느끼는 불편은 생각보다 단순합니다.

- 무슨 말인지 이해가 안 될 때
- 문장이 너무 길어서 숨이 찰 때
- 앞에서 한 말이 기억나지 않을 때
- 왜 이 이야기를 하는지 모르겠을 때
- 나와 상관없는 이야기처럼 느껴질 때

퇴고는 바로 이 불편함을 하나씩 제거하는 작업입니다. 초고는 작가 중심, 퇴고는 독자 중심입니다. 초고를 쓸 때는 속도가 중요합니다. 완성도가 낮아도 상관없습니다. 생각이 끊기지 않게 쓰는 것이 우선입니다. 그래서 초고에는 이런 문장들이 가득합니다.

- 설명이 부족한 문장
- 혼자만 이해하는 약어와 표현
- 앞뒤 맥락이 헐거운 문장

- **감정에만 의존한 문장**

문제는 초고 상태의 문장을 그대로 두면 독자들은 계속 멈춘다는 것입니다. 읽다가 멈추고, 다시 돌아가고, 결국 책을 덮습니다. 퇴고에서는 이렇게 질문해야 합니다.

"이 문장을 처음 읽는 사람이 바로 이해할 수 있을까?"

이 질문을 기준으로 문장을 하나식 점검하는 것이 독자 중심 퇴고의 출발점입니다.

독자를 배려하는 문장을 만드는 5가지 원칙이 있습니다.
독자 중심 문장을 만드는 방법을 정리해 봅시다.

원칙 1. 한 문장에는 하나의 메시지만 담습니다

독자가 문장에서 처리할 수 있는 정보의 양은 많지 않습니다. 특히, 출퇴근길과 퇴근 후에 책을 읽는 독자라면 더더욱 그렇습니다.

퇴고 체크 질문

- 이 문장에서 꼭 전달해야 할 메시지는 하나인가?
- 둘 이상의 이야기가 섞여 있지는 않은가?

불필요한 욕심을 버리고 문장을 쪼개는 것이 독자를 배려하는 첫걸음입니다.

원칙 2. 독자가 "왜" 읽어야 하는지 알려줍니다

저자는 흐름이 보이지만 독자들은 그렇지 않습니다.
그래서 문단의 시작이나 중요한 지점에서 방향을 알려줘야 합니다.

- 왜 이 이야기를 하는지
- 이 이야기가 무엇을 설명하기 위한 것인지

원칙 3. 독자들의 상황을 문장 속에 끌어옵니다

독자들은 자기 이야기처럼 느껴질 때 집중합니다.

독자들의 일상을 떠올리게 만드는 문장은 자연스럽게 공감을 만듭니다.

원칙 4. 추상적인 말은 구체적인 예로 바꿉니다

추상어는 독자들을 멀어지게 합니다.

- 성장
- 변화
- 의미
- 가치

이런 단어를 썼다면 반드시 물어야 합니다.

"구체적으로 어떤 상황을 말하는 것인가?"

예시를 하나만 추가해도 독자들의 이해도는 크게 올라갑니다.

원칙 5. 독자가 쉬어갈 수 있는 여백을 만듭니다

문장은 정보뿐 아니라 호흡입니다.

- 문단을 짧게 나눈다.
- 한 줄 문장을 적절히 사용한다.
- 강조하고 싶은 문장은 따로 떼어 놓는다.

여백은 디자인의 문제가 아니라 독자들을 위한 배려입니다.

퇴고할 때 실제로 써먹는 독자 체크 리스트를 적극 활용하세요.
퇴고 단계에서 아래 질문들을 하나씩 던져봅시다.

1. 이 문장들은 처음 읽는 사람이 이해할 수 있을까?
2. 설명 없이 넘어간 개념은 없는가?
3. 문장이 너무 길지는 않은가?
4. 이 문단을 왜 읽어야 하는지 드러나는가?
5. 독자들의 상황이 자연스럽게 떠오르는가?

이 체크 리스트만으로도 원고의 완성도는 눈에 띄게 달라집니다. 독자들을 배려하면 결국 작가도 편해집니다. 아이러니하게도 독자들을 배려한 문장은 작가 자신에게도 도움이 됩니다.

- 하고 싶은 말이 정리된다.
- 글의 구조가 또렷해진다.
- 전체 흐름이 안정된다.

퇴고는 글을 고치는 과정이 아니라 독자들과 대화하는 연습입니다.

"이 문장을 읽는 사람들은 어떤 표정을 지을까?"
이 질문을 끝까지 놓지 않는다면, 독자님의 책은 끝까지 읽히
는 책이 될 것입니다.

4부

책을 낸 이후의 현실적인 이야기

WRITE A BOOK ONCE IN YOUR LIFE!

10장

출판

vs

자비출판

vs

전자책

01

각각의 장단점

일반 직당인들이 책을 내는 방법은 크게 3가지입니다.

1. 출판사를 통한 기획 투고 출판
2. 비용을 들여 진행하는 자비 출판
3. 플랫폼을 활용한 전자책 출판

이 장에서는 이 3가지 방법을 이상적인 기준이 아니라 현실적인 기준으로 비교해 볼 것입니다. "누가 더 낫다"가 아니라, 어떤 사람에게 어떤 선택이 맞는지를 판단할 수 있도록 돕는 것이 목적입니다.

1. 출판 : 가장 익숙하지만 가장 오해가 많은 선택

1) 출판의 기본 구조

일반적으로 말하는 "출판"은 다음 과정을 거칩니다.

- 작가가 원고 또는 기획안을 준비한다.
- 출판사에 투고하거나 기획 제안을 한다.
- 출판사가 검토 후 계약 여부를 결정한다.
- 출판사가 편집, 디자인, 인쇄, 유통을 담당한다.

이 구조만 보면 가장 이상적인 방식처럼 보입니다. 실제로 많은 예비 저자들이 이 방식을 "정답"처럼 생각합니다. 하지만 현실은 생각보다 단순하지 않습니다.

2) 출판의 장점

① 비용 부담이 거의 없다.

출판의 가장 큰 장점은 작가가 돈을 거의 쓰지 않는다는 점입니다. 편집, 디자인, 인쇄, 유통 비용은 출판사가 부담합니다. 일반 직장인에게 이 부분은 상당히 매력적입니다. 책 한 권을 만들기 위해 수백만 원을 투자하는 것이 부담스러운 경우가 많기 때문입니다.

② 유통과 신뢰도가 확보된다.

출판사를 통해 나온 책은 다음과 같은 장점이 있습니다.

- 대형 서점 유통 가능
- ISBN 등록 자동 처리
- "출판사 책"이라는 기본적인 신뢰

특히 처음 책을 내는 직장인들에게는 "어디서 나왔는지 모르는 책"이라는 장벽을 넘는 데 유리합니다.

③ 편집자의 개입으로 원고 완성도가 올라간다.

좋은 편집자를 만난다면, 출판은 최고의 글쓰기 공부가 됩니다.

- 독자 관점에서 구조를 다시 잡아준다.
- 불필요한 부분을 과감히 덜어낸다.
- 책 전체의 톤을 정리해 준다.

혼자서는 보지 못했던 약점을 발견하게 되는 경우도 많습니다.

3) 출판의 단점

① 출판되기까지 시간이 오래 걸린다.

출판은 "느립니다."

- 투고 → 검토 → 회신까지 몇 달
- 계약 후 출간까지 또 몇 달

원고를 완성하고도 1년 가까이 아무 일도 일어나지 않는 경우도 흔합니다. 빠른 결과를 원하는 직장인들에게는 답답할 수 있습니다.

② 선택권이 출판사에 있다.

출판에서는 결정권이 작가에게 있지 않습니다.

- 제목
- 표지
- 분량
- 수정 방향

의견을 낼 수는 있지만, 최종 결정은 출판사가 합니다. "내 책"
이지만 온전히 내 마음대로 할 수는 없습니다.

③ 수익은 생각보다 크지 않다.

초보 저자의 인세는 보통 8~10% 수준입니다. 게다가 초판
부수도 많지 않습니다. 현실적으로 말하면, 출판으로 큰 수익
을 기대하기는 어렵습니다.

2. 자비 출판 : 가장 논란이 많지만 가장 솔직한 방식

자비출판은 작가가 비용을 부담하고 책을 만드는 방식입니다.

- 출판 대행사 또는 독립 출판사를 통해 진행
- 편집, 디자인, 인쇄 비용을 작가가 부담
- 유통 여부는 계약 조건에 따라 다름

중요한 점은 "자비출판 = 나쁜 선택"은 아니라는 것입니다. 문
제는 제대로 알고 선택하느냐입니다.

2) 자비 출판의 장점

① 출간 속도가 빠르다.

자비 출판은 결정이 빠릅니다. 직장인에게 시간은 곧 에너지입니다. 이 속도는 큰 장점이 될 수 있습니다.

- **계약하면 바로 제작 진행**
- **일정만 맞으면 몇 달 안에 출간 가능**

② 모든 결정권이 작가에게 있다.

자비 출판의 가장 큰 특징은 통제권입니다. 모든 것을 본인이 결정합니다. 브랜딩 목적의 책이라면 이 자유도는 매우 중요합니다.

- **제목**
- **표지**
- **내용**
- **분량**

③ 목적이 분명할수록 효과가 크다.

자비 출판은 이런 경우에 특히 유리합니다. 자비 출판을 위해 쓴 돈은 비용이 아니라 투자가 됩니다.

- 강의, 컨설팅, 퍼스널 브랜딩이 목적일 때
- 회사 내부, 특정 타깃 독자를 위한 책일 때
- 판매 수익보다 "책이 있다는 사실"이 중요한 경우

3) 자비 출판의 단점

① 비용 부담이 크다.

현실적으로 자비 출판 비용은 적지 않습니다. 책이 많이 팔리지 않으면 회수는 어렵습니다.

- 수백만 원에서 천만 원 단위까지 다양
- 옵션에 따라 계속 추가 비용 발생

② "출판 사기"를 조심해야 합니다.

모든 자비 출판이 문제는 아니지만, 다음과 같은 경우는 특히 주의해야 합니다. 계약 전 반드시 실제 출간 사례를 확인해야 합니다.

- "무조건 베스트셀러 가능"
- "유명 작가처럼 만들어 주겠다."

- **"출판사에서 먼저 연락했다."**

③ **책의 완성도는 결국 본인 책임이다.**

편집자가 있더라도, 최종 책임은 작가님에게 있습니다. 출판처럼 강한 편집 개입을 기대하면 실망할 수 있습니다.

3. 전자책 : 가장 가볍게 시작할 수 있는 선택

1) 전자책의 기본 구조

전자책은 플랫폼 중심입니다. 출판사 없이도 혼자서 가능합니다.

- **원고 작성**
- **표지 제작**
- **플랫폼 업로드**
- **판매 시작**

2) 전자책의 장점

① **진입 장벽이 가장 낮다.**

- 비용 거의 없음

- 절차 간단

- 실패 부담 적음

처음 책을 내 보는 직장인에게 전자책은 가장 안전한 실험 공간입니다.

② 빠른 피드백을 받을 수 있다.

- 바로 판매 가능
- 독자 반응 확인 가능
- 수정 및 업데이트 용이

종이책보다 훨씬 유연합니다.

③ 수익 구조가 상대적으로 좋다.
플랫폼에 따라 다르지만 종이책보다 저자 수익 비율이 높은 경우가 많습니다.

3) 전자책의 단점

① "책 같다"라는 인식이 약하다.

아직까지 전자책은 일부 독자에게 "가벼운 콘텐츠"로 인식되기도 합니다.

② 마케팅을 직접 해야 한다.

출판사의 도움 없이 모든 홍보를 직접 해야 합니다.

③ 자기 관리가 안 되면 완성도가 떨어진다.

쉽게 낼 수 있다는 것은 쉽게 대충 낼 수 있다는 뜻이기도 합니다.

그래서, 일반 직장인에게 맞는 선택은? 정답은 없습니다. 다만 기준은 있습니다.

책 출판이

- **처음이라면 → 전자책**
- **브랜딩 목적이라면 → 자비 출판**
- **책 자체의 완성도를 원한다면 → 출판**

중요한 것은 왜 책을 내는가입니다. 책은 목적 없이 내면 부담
이 되고, 목적이 분명하면 도구가 됩니다.

11장

책은 인생을
어떻게 바꾸는가

01

돈보다 먼저 바뀌는 것

책을 쓰겠다고 마음먹었을 때, 그리고 실제로 출간을 했을 때
가장 많이 들은 질문은 이것이었습니다.

"그래서 돈은 좀 벌었어요?"
"인세는 얼마나 나와요?"
"부업으로 할 만해요?"

이 질문들은 모두 나쁜 의도에서 나온 것이 아닙니다. 오히려
아주 현실적이고, 직장인다운 질문입니다. 우리에게 책은 여
전히 "상품"이고, 시간과 에너지를 들였으면 그에 대한 보상이
있어야 한다는 생각은 자연스럽습니다.

하지만 책을 낸 뒤 제가 가장 먼저 느낀 변화는, 통장 잔고가 아니었습니다. 인세 명세서를 보기 전부터 이미 바뀌어 버린 것들이 있었습니다. 그리고 그 변화는 돈보다 훨씬 먼저, 훨씬 깊게 저를 흔들었습니다.

책이 나오기 전의 나를 떠올려보았습니다. 책을 쓰기 전의 저는 아주 전형적인 직장인이었습니다. 출근하고, 일하고, 퇴근하고, 가끔 야근하고, 주말에는 지쳐서 쉬는 사람. 회사에서는 맡은 역할을 성실히 수행했지만, 딱 그만큼만 인정받는 사람이었습니다.

회의에서 의견을 낼 때도 조심스러웠습니다. 메일 하나를 보낼 때도 "이렇게 써도 될까"를 몇 번이나 고민했습니다. 제 생각이 틀릴까 봐, 경험이 부족해 보일까 봐, 괜히 나섰다는 평가를 받을까 봐 항상 한 발 물러서 있었습니다.

저는 제가 어떤 사람인지 잘 안다고 생각했지만, 사실은 "회사 안에서 허용된 나"만 알고 있었습니다. 회사 밖에서의 저는 희미했고, 설명하기 어려웠습니다. 특히, 직장을 그만 둔 백수 기간 때는 더더욱 어려웠습니다.

책을 쓴다는 것은 "정리된 나"를 세상에 내놓는 일입니다.
책을 쓰는 과정은 생각보다 훨씬 고통스러웠습니다. 원고를 쓰는 일이 힘들어서가 아니라, 저를 하나의 문장으로 정리해야 했기 때문입니다.

- 나는 왜 이 이야기를 하는가?
- 이 경험은 다른 사람들에게 어떤 의미가 있는가?
- 이건 그냥 내 불평일까, 아니면 기록할 가치가 있는 생각일까?

이 질문들 앞에서 수없이 멈춰 섰었습니다. 그리고 그때마다 "나는 어떤 사람인가?"라는 부분을 다시 정의해야 했습니다. 책은 글을 잘 쓰는 사람이 쓰는 것이 아닙니다. 본인의 생각을 끝까지 책임질 수 있는 사람이 쓰는 것이라는 것을 책을 쓰며 처음 알게 되었습니다.

출간 후, 가장 먼저 바뀐 것 1 : 자기 인식

책이 나오고 나서 가장 먼저 바뀐 것은 내가 나를 바라보는 시선이었습니다.

이전까지 저는 늘 이렇게 생각했습니다.

"나는 아직 부족해."
"전문가라고 하기에는 민망해."
"내 이야기가 무슨 도움이 되겠어."

그런데 책이라는 형태로 제 생각이 묶이고, 제목이 붙고, ISBN이 찍히는 순간 상황이 달라졌습니다. 갑자기 대단한 사람이 된 것은 아니었지만, 적어도 "아무 말이나 하는 사람"은 아니게 된 것입니다.

제 생각은 이제 책이라는 기록으로 남아 있습니다. 누군가는 그 기록을 돈을 주고 선택했습니다. 그 사실 하나만으로도, 저는 저를 함부로 낮출 수 없게 되었습니다.

출간 후, 가장 먼저 바뀐 것 2 : 말의 무게

책을 낸 이후로 말하는 태도가 달라졌습니다. 더 조심스러워졌고, 동시에 더 분명해졌습니다. 이전에는 회의에서 이런 말을 자주 했습니다.

"잘 모르겠어요."
"제 생각엔 아닌 것 같아요."

하지만 책을 낸 후에는, 같은 생각을 이렇게 말하게 되었습니다.

"제 경험에서는 이렇게 작동했습니다."
"이건 제가 글로 정리했던 주제이기도 합니다."

똑같은 내용이지만, 말의 무게가 달라졌습니다. 이것은 허세가 아니라 책임감에서 나온 변화였습니다. 책을 쓴 사람은 자기 말에 발자국을 남긴 사람입니다. 그래서 함부로 말할 수 없고, 동시에 쉽게 흔들리지도 않습니다.

돈은 나중 문제입니다.
솔직히 말하자면, 대부분의 일반 직장인에게 책은 큰 돈을 벌어다 주지 않습니다. 적어도 첫 책은 그렇습니다. 하지만 많은 사람들이 착각하는 것이 있습니다. 책의 가치는 인세로만 계산되지 않습니다. 책을 낸 이후 생기는 기회들, 말의 신뢰도, 사람들의 인식 변화, 그리고 무엇보다 스스로에 대한 확신. 이 모든 것은 숫자로 바로 환산되지 않지만, 장기적으로는 돈보다 훨씬 큰 자산이 됩니다.

책은 인생을 "다른 궤도"로 옮깁니다.

책 한 권이 인생을 180도 바꾸지는 않습니다. 하지만 분명히 말할 수 있는 것은 같은 자리에서 같은 삶을 반복하지는 않게 만든다는 것입니다.

책을 낸 이후, 저는 예전처럼 살 수 없게 되었습니다. 본인의 생각을 정리해 본 사람들은, 다시 무작위로 살기 어렵습니다. 한 번이라도 자신의 이야기를 구조화해 본 사람은, 인생을 대충 넘길 수 없습니다. 책은 인생을 바꾸기보다, 인생을 대하는 태도를 바꿉니다. 그리고 그 변화는 언제나 돈보다 먼저 옵니다.

02

자존감, 정체성, 기회

책을 낸 뒤 가장 많이 듣게 되는 말 중 하나는 이것입니다.

"다른 사람 같아요."

외모가 바뀐 것도 아니고, 직장이 갑자기 달라진 것도 아닙니다. 그럼에도 불구하고 주변 사람들은 묘하게 달라졌다고 말합니다. 그 말의 정체를 곰곰이 생각해 보면, 결국 세 가지로 정리됩니다. 자존감, 정체성, 그리고 기회. 책은 이 세 가지를 동시에, 그리고 조용히 바꿉니다.

자존감은 "잘나서" 생기지 않습니다.
많은 사람들이 자존감을 능력이나 성과에서 찾습니다. 연봉

이 오르면, 직급이 올라가면, 인정받으면 자존감도 따라온다고 믿습니다. 하지만 직장인이라면 알 것입니다. 성과는 늘 불안정합니다. 이번 분기 성과가 좋아도, 다음 분기에는 언제든 평가가 뒤집힙니다. 자존감을 성과에 맡기면, 자존감도 늘 흔들립니다. 책을 쓰기 전의 저도 그랬습니다. 회사에서 잘 풀릴 때는 괜찮았고, 그렇지 않을 때는 스스로를 쉽게 깎아내렸습니다.

"나는 이 정도밖에 안 되는 사람이구나."
"이건 운이 좋았을 뿐이야."

책을 쓰고 나서, 자존감의 기준이 바뀌었습니다. 저는 이미 하나의 결과물을 끝까지 만들어 낸 사람이라는 사실, 즉 작가님이라는 사실이 남았습니다.

책은 "완성 경험"을 남깁니다.
직장인의 삶에는 미완성된 일들이 너무 많습니다. 기획은 했지만 결과를 보지 못한 프로젝트, 중간에 방향이 바뀐 업무, 성과는 팀 단위로 묻히는 일들.

하지만, 책은 다릅니다. 처음부터 끝까지, 온전히 개인의 이름 또는 개인의 필명으로 완성됩니다. 원고를 쓰고, 고치고, 퇴고하고, 결국 출간되는 그 과정은 "나는 끝까지 해낸 경험이 있다"는 아주 단단한 기억을 남깁니다. 이 경험은 자존감을 만듭니다. 누군가 인정해 줘서가 아니라, 스스로가 스스로를 인정할 수 있게 되기 때문에.

자존감이 달라지면 태도 역시 달라집니다.
책을 낸 뒤, 저는 더 당당해졌다기보다 덜 위축되었습니다. 이 차이는 꽤 큽니다. 더 이상 모든 자리에서 증명하려 애쓰지 않게 됩니다. 이미 한 번 스스로를 증명해봤기 때문입니다. 회의 자리에서도, 낯선 모임에서도 "내가 여기 있어도 되는 사람인가"라는 질문을 덜 하게 됩니다. 그 실문이 줄어들자, 말이 훨씬 편해졌습니다. 자존감은 소리 없이 사람의 태도를 바꿉니다. 그리고 그 태도는 주변 사람들에게 고스란히 전달됩니다.

정체성은 "직무명"이 아닙니다.
"무슨 일 하세요?"라는 질문에 우리는 보통 이렇게 답합니다.
"저는 ○○회사에서 ○○일을 합니다." 직무는 설명할 수 있어도, 정체성은 설명하지 못한 채 살아가는 경우가 많습니다.

특히 회사 밖에서의 나는 더욱 그렇습니다. 책을 내고 나서, 이 질문에 대한 답이 조금 달라졌습니다.

"저는 ○○ 일을 하고 있고,
○○에 대해 책을 쓴 사람입니다."

정체성에 하나의 층이 더 생긴 것입니다.

책은 나를 "설명 가능한 사람"으로 만듭니다.
정체성이 생긴다는 것은, 본인을 설명할 수 있는 언어가 생긴다는 것입니다. 막연히 "열심히 사는 직장인"이 아니라, 어떤 주제에 대해 생각해 보고, 글로 정리해 본 사람. 이것은 생각보다 큰 차이를 보입니다. 사람들은 설명 가능한 사람을 신뢰합니다. 그리고 본인 스스로도, "나는 이런 생각을 하는 사람이다"라고 말할 수 있게 됩니다.

책은 "신뢰의 근거"가 됩니다.
사람들은 누군가에게 일을 맡길 때, 막연한 인상보다 구체적인 근거를 찾습니다. 책은 아주 강력한 근거입니다. 그 사람이 그 주제에 대해 시간을 들여 생각했고, 정리했고, 공개했다는 증거이기 때문입니다. 그래서 책은 기회를 만들어 낸다기보다, 기회가 머물 수 있는 이유가 됩니다.

책은 인생을 단단하게 만들어줍니다.
책은 당신을 유명하게 만들지 않을 수도 있습니다. 부자로 만들어 주지도 않을 수 있습니다. 하지만 분명한 것은, 인생을 조금 더 단단하게 만든다는 것입니다.

자존감은 흔들리지 않는 중심을 만들고, 정체성은 삶의 방향을 잡아주며, 기회는 그 방향 위에서 자연스럽게 찾아옵니다. 이 세 가지는 돈보다 느리게 보일 수도 있습니다. 하지만 훨씬 오래 갑니다. 책을 쓴다는 것은, 한 번 더 나를 믿어보는 일입니다. 그리고 그 믿음은, 생각보다 훨씬 많은 것을 바꿉니다.

03

책 이후의 삶

책을 쓰기 전, 저는 책이 인생을 완전히 바꿔줄 것이라고 믿었습니다. 조금 더 솔직히 말하자면, 바꿔주길 기대했습니다. 회사 밖에서도 나를 설명할 수 있는 무언가, 명함 한 장이 아닌 또 다른 정체성을 갖게 해 줄 무기 같은 것 말입니다.

그러나 책이 나온 뒤의 삶은, 생각보다 조용했고 생각보다 현실적이었습니다. 그리고 그 조용한 변화야말로, 책이 제 인생에 남긴 가장 큰 선물이었습니다.

책을 냈다고 삶이 극적으로 달라지지는 않습니다.
책이 출간되고 가장 먼저 깨달은 사실은 이것이었습니다. 책을 냈다고 해서 내 인생이 갑자기 다른 궤도로 이동하지는 않는다는 것.

다음 날 아침도 평소와 똑같았습니다.
SNS에서 흔히 보는 "책 한 권으로 인생 역전" 같은 이야기는 대부분 일부만 떼어낸 장면입니다. 책은 인생을 바꾸는 스위치가 아니라 천천히 방향을 바꾸는 조타 장치에 가깝습니다. 이 사실을 빨리 받아들일수록 마음이 편해집니다. 책은 기적이 아니라, 축적입니다.

책 출간 이후 가장 크게 달라진 것은 "태도"였습니다.
외부 환경은 크게 바뀌지 않았지만 제 안에서는 분명한 변화가 일어났습니다. 가장 먼저 달라진 것은 저 자신을 대하는 태도였습니다. 책을 쓰기 전까지 저는 "나는 그냥 평범한 직장인이야."라는 말로 스스로를 쉽게 규정해 왔습니다. 그 말은 겸손처럼 보였지만 사실은 도전하지 않기 위한 방어였습니다. 하지만 한 권의 책을 끝까지 써냈다는 사실은 그 변명을 더 이상 쓰지 못하게 만들었습니다.

- **퇴근 후 시간을 쪼개 글을 썼고**
- **스스로의 생각을 끝까지 밀어 붙였고**

• 결국 결과물을 세상에 내놓았습니다.

이 경험은 이렇게 말해 주었습니다.

"너는 네가 생각한 것보다 조금 더 해낼 수 있는 사람이다."

책 이후의 삶은 이 문장을 마음속에 품고 살아가는 시간입니다.

주변의 시선은 생각보다 빨리 일상으로 돌아옵니다.
책을 내면 주변 반응이 궁금합니다. 사실 많이 궁금합니다. 누가 읽었는지, 읽고 나서 뭐라고 말하는지, 진짜 잘 쓴 건지. 처음에는 축하 메시지가 옵니다. 몇몇은 책을 샀다고 말해 주고, 어떤 이는 인증 사진을 보내주기도 합니다. 하지만 그 관심은 오래가지 않습니다. 사람들은 각자의 삶으로 금세 돌아갑니다. 그리고 이것은 서운할 일이 아닙니다. 오히려 자연스러운 일입니다. 책을 낸 나에게는 큰 사건이지만 다른 사람들에게는 수많은 정보 중 하나일 뿐입니다.

이 사실을 받아들이고 나면 책을 "인정받기 위한 도구"로 쓰려는 마음이 조금씩 내려갑니다. 그 대신 이런 질문이 남습니다.

그래서 이 책을 쓴 나는 앞으로 어떤 삶을 살고 싶은가? 책 출간 이후에도 회사는 계속 다닌다. 현실적인 이야기를 하나 하자면, 책을 냈다고 해서 회사가 갑자기 의미 없어지지는 않습니다. 여전히 회사는 중요합니다. 생활비를 벌어야 하고, 조직 안에서 배울 것도 많습니다. 다만 시선이 조금 달라집니다.

- 회사가 인생의 전부는 아니라는 점
- 이 곳에서의 경험도 언젠가는 글이 될 수 있다는 점

이 두 가지를 알게 된 것만으로도 회사 생활의 밀도가 달라집니다. 불만만 쌓던 하루가 관찰의 대상이 되고, 언젠가 정리할 재료가 됩니다. 두 번째 책을 생각하게 되는 순간 책이 나온 지 시간이 지나면 이런 생각이 듭니다.

"다음에는 이런 이야기를 더 잘 쓸 수 있을 것 같은데."

첫 책은 대부분 서툽니다. 돌아보면 고치고 싶은 문장 투성이입니다. 하지만 바로 그 서툼 덕분에 다음이 보입니다. 책 이후의 삶은 끝이 아니라 시작에 가깝습니다. 두 번째 책을 꼭 써야 하는 것은 아닙니다. 하지만 다시 써도 되겠다는 가능성

이 생깁니다. 이것은 꽤 큰 변화입니다.

책 이후의 삶은 조금 더 단단해진 일상입니다.
책을 쓰기 전과 비교해 세상이 크게 달라진 것은 없습니다. 다만 이제는 알고 있습니다. 퇴근 후에도, 주말에도 내 삶을 조금씩 쌓아갈 수 있다는 것. 일반 직장인이 책을 쓴다는 것은 인생을 갈아엎는 선택이 아닙니다. 인생을 조금 더 단단하게 만드는 선택입니다. 그리고 그 변화는 조용하지만 오래갑니다. 책 이후의 삶은 그 조용한 변화를 하루하루 확인해 가는 시간입니다.

에필로그

당신은 이미 책을 쓸 자격이 있다

책을 쓰고 싶다고 말하면 가장 먼저 스스로에게 묻게 됩니다. "내가 과연 책을 써도 될까?" 특별한 성공도, 남들보다 뛰어난 이야기도 없다고 느끼기 때문입니다. 하지만 책을 쓸 자격은 누군가에게 허락받는 것이 아닙니다. 매일 출근하며 버텨온 시간, 선택 앞에서 고민했던 순간, 실패하고 다시 일어났던 경험 자체가 이미 하나의 이야기입니다. 우리는 자신의 삶을 너무 쉽게 평범하다고 말하지만, 그 평범함을 끝까지 써 내려간 사람은 많지 않습니다. 독자님께서는 언젠가 자격을 얻을 사람이 아니라, 이미 쓸 자격을 가진 사람입니다.

완벽하지 않아도 되는 이유

많은 직장인이 책을 쓰지 못하는 이유는 바빠서가 아니라 완벽하게 쓰고 싶어서입니다. 첫 문장을 쓰기도 전에 평가와 반응을 걱정하며 멈춰 섭니다. 하지만 완벽한 책은 처음부터 존재하지 않습니다. 모든 책은 서툰 초고에서 시작되고, 고치고 지우는 과정을 통해 다듬어집니다. 완벽함을 기다리면 글은 시작되지 않습니다. 오히려 불완전함을 허락하는 순간 글은 앞으로 나아갑니다. 책은 잘 쓰는 사람이 아니라 끝까지 쓰는 사람이 완성합니다. 지금 부족해 보여도 괜찮습니다. 그 문장은 다음 문장을 불러오는 역할이면 충분합니다.

이제 첫 문장을 쓸 시간이다

이 책을 덮으면 다시 일상으로 돌아갈 것입니다. 회사에 가고 익숙한 하루를 살게 됩니다. 하지만 한 가지는 달라졌으면 합니다. '언젠가 써야지'가 아니라 '이제 써 볼까'라는 마음입니다. 책을 쓰는 데 거창한 계획은 필요 없습니다. 지금 필요한 것은 단 하나, 첫 문장입니다. 잘 쓸 필요도, 보여줄 필요도 없습니다. 오늘의 생각 한 줄이면 충분합니다. 그 문장이 모여 문단이 되고, 결국 한 권이 됩니다. 더 미룰 이유는 없습니다. 독자님께서는 이미 준비되어 있습니다. 이제 첫 문장을 쓸 시간입니다.